AF176887

3

Das passende Bild suchen

Suche den Zwilling.
Rahme das passende Bild ein.

Inhaltsverzeichnis

Findest du die Ausschnitte im großen Bild?
Kreise sie dort ein.

Suche den Zwilling.
Rahme das passende Bild ein.

Wem gehört welcher Drachen?
Fahre die Linien mit verschiedenen Farben nach.

Wer spielt mit welchem Tier?
Fahre mit verschiedenen Farben nach.

Wo hat sich die 1 versteckt? Fahre nach.

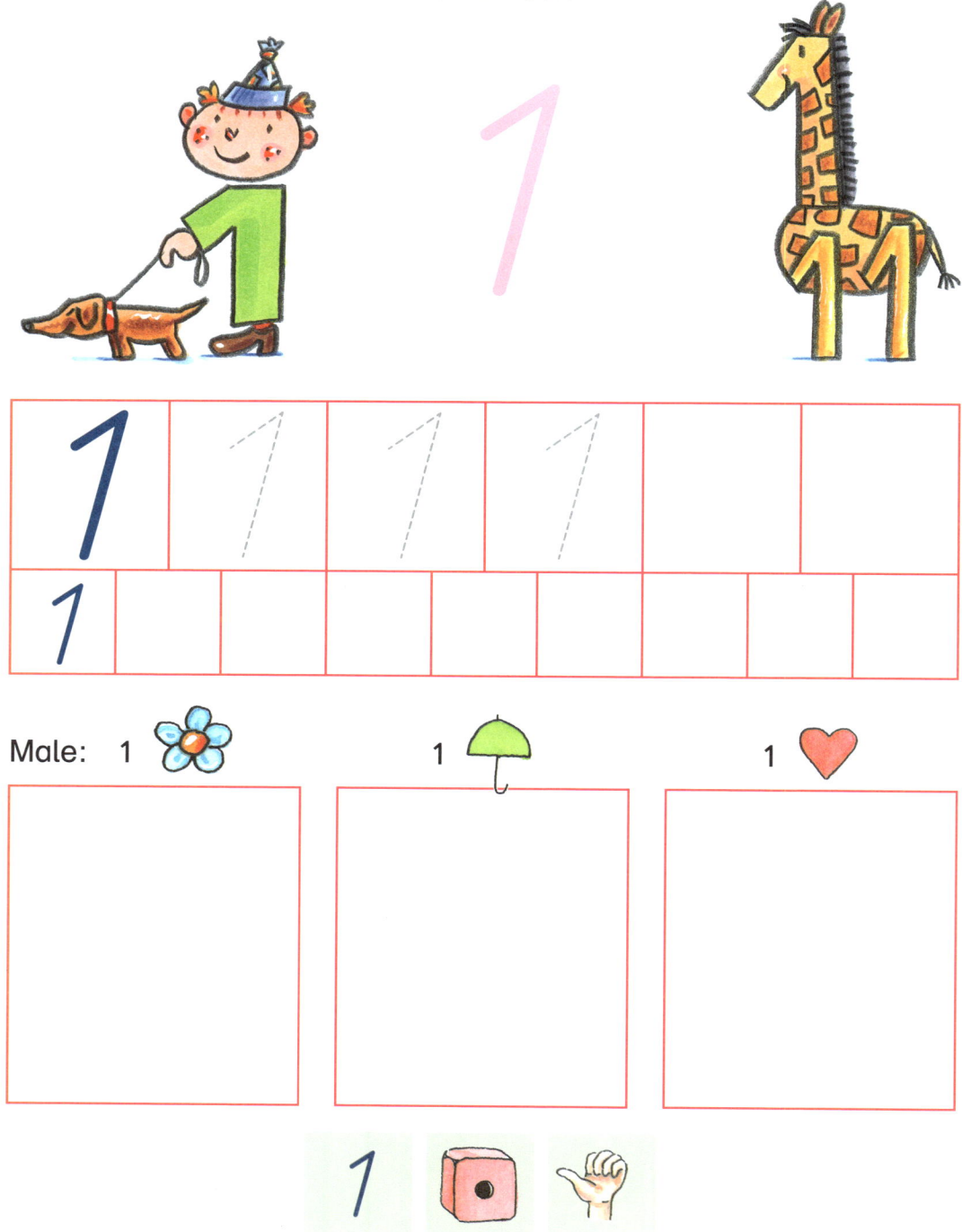

Male: 1   ·   1   ·   1

Wo hat sich die 2 versteckt? Fahre nach.

   2

2	2	2	2		

2					

Male: 2    2 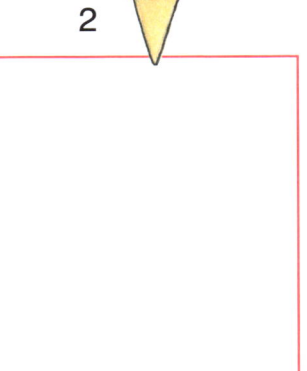   2

2

9

Male die Ketten im gleichen Muster weiter.

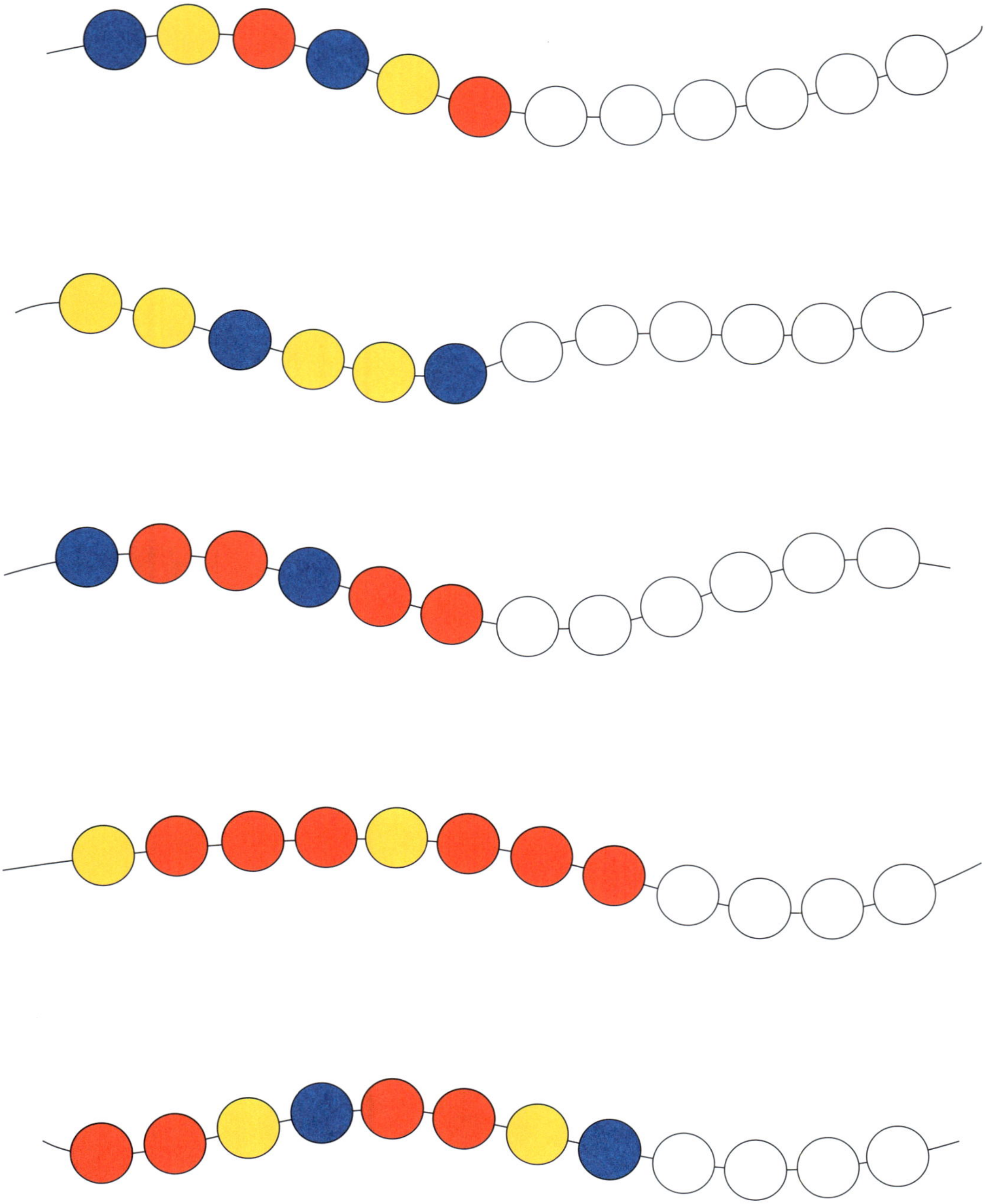

Male im gleichen Muster weiter.

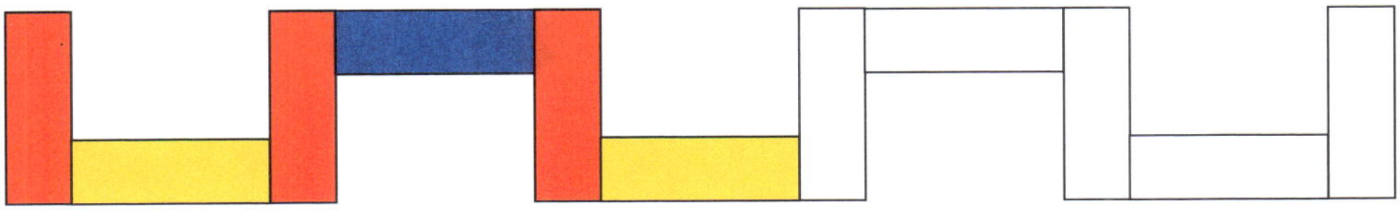

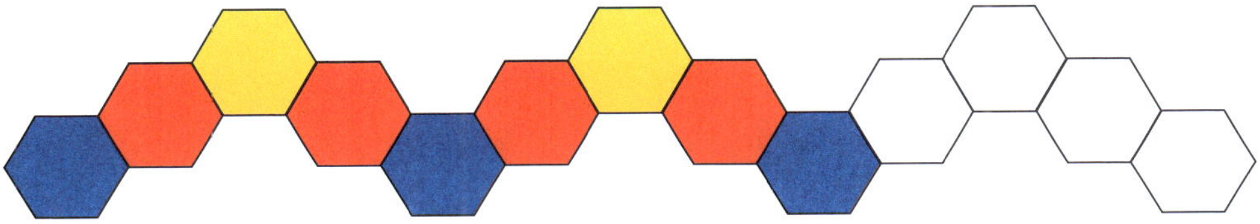

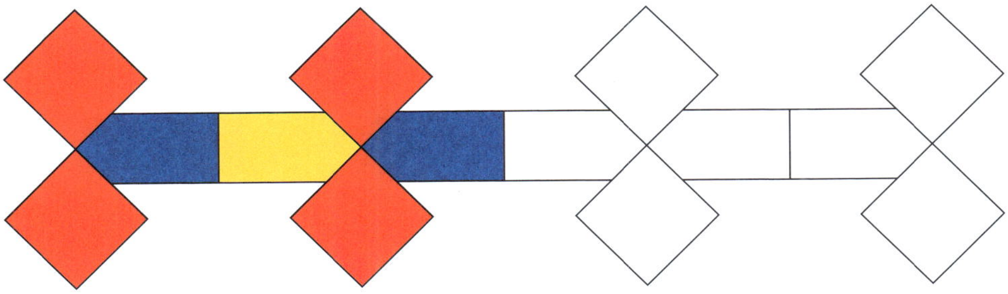

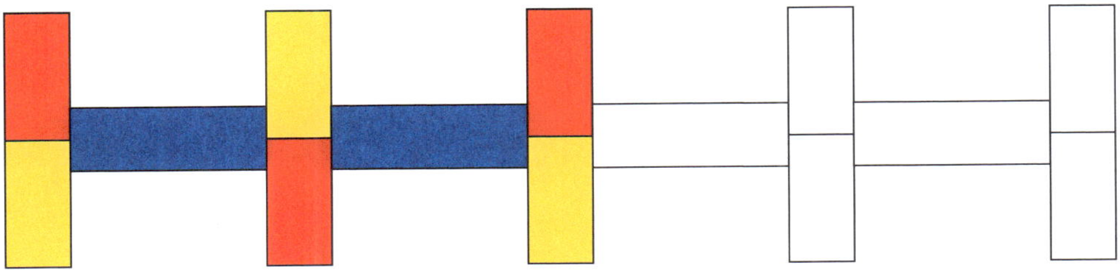

Was hat Bim geangelt? Kreise ein.

Mit welchem Wollknäuel spielt Minka?
Kreise es ein.

Verbinde. Kreuze den richtigen Satz an.

☐ Es sind mehr Bälle als Kinder.

☐ Es sind genauso viele Bälle wie Kinder.

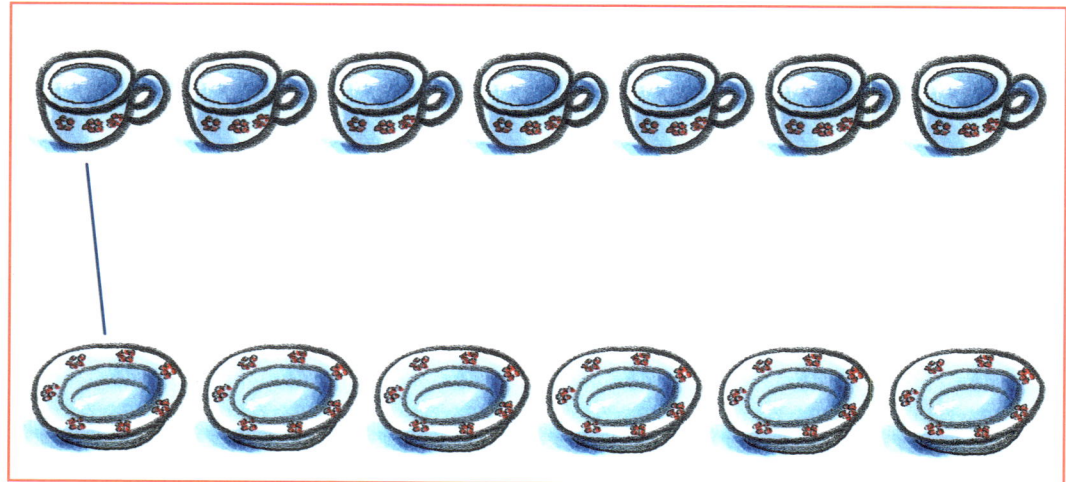

☐ Es sind weniger Tassen als Teller.

☐ Es sind mehr Tassen als Teller.

Wie viele Dinge siehst du?
Male gleich viele daneben.

Wo hat sich die 3 versteckt? Fahre nach.

 3

3	3	3	3		

3					

Male: 3   3    3

3

Wo hat sich die 4 versteckt? Fahre nach.

4	4	4	4		
4					

Male: 4   4   4

4

Suche die 6 Fehler im unteren Bild.
Kreuze sie an.

Da fehlt doch …!

Welches ist der richtige Schatten?
Kreise ihn ein.

Findest du den Apfel?
Male ihn an.

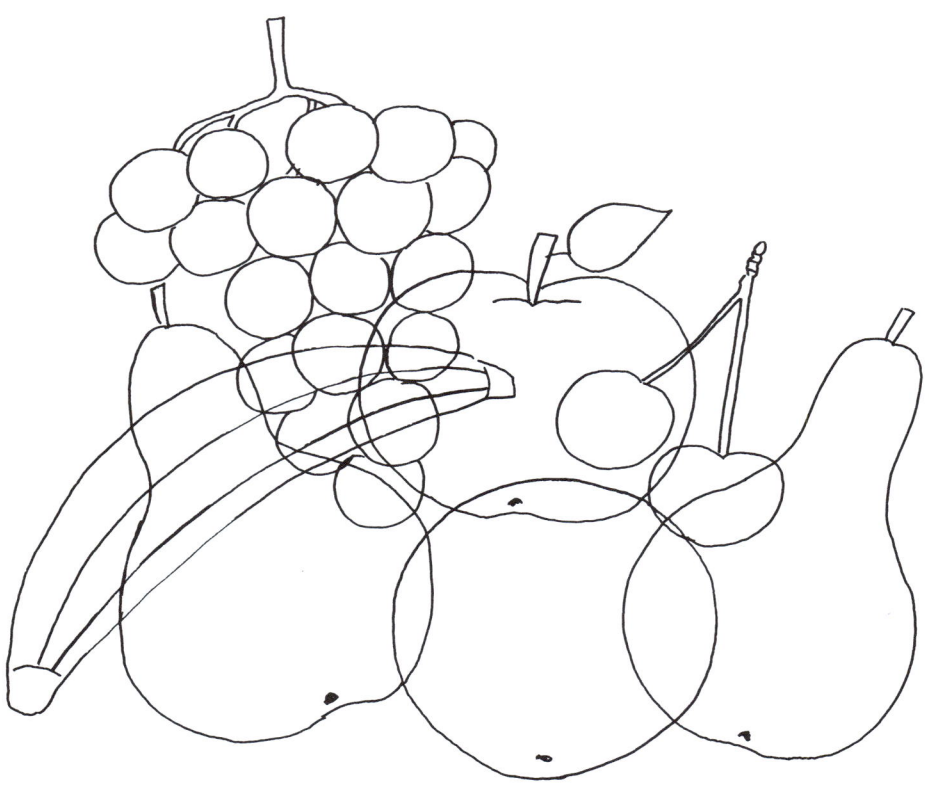

Suche auch die Birnen.
Male sie an.

20

Findest du die Schnecke?
Male sie an.

Suche den Fisch.
Male ihn an.

 **Wie viele Tiere erkennst du auf dem Bild?**

Welche Formen passen?

Male die passende Form aus.

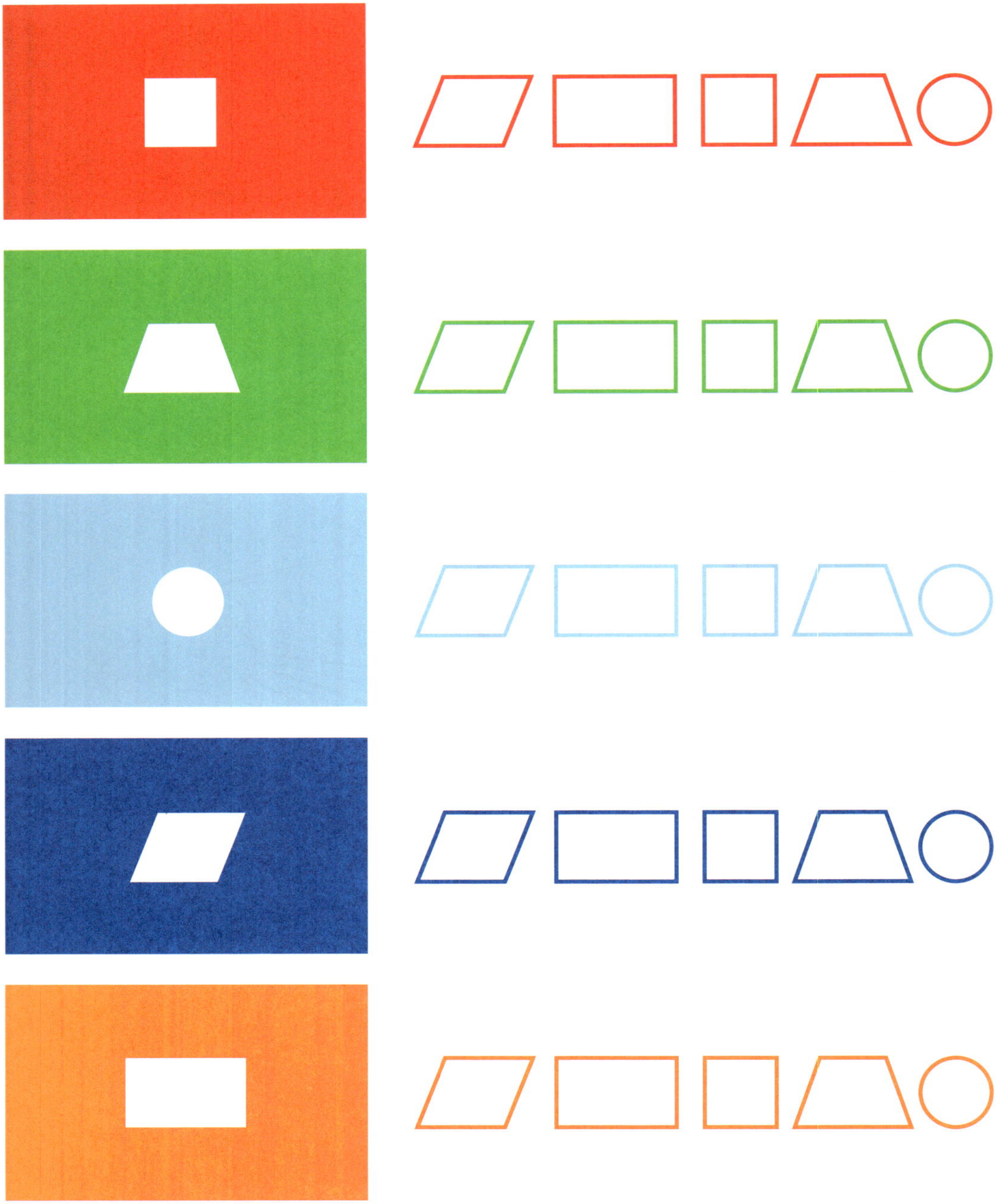

Welche Größe passt?

Male die passende Form aus.

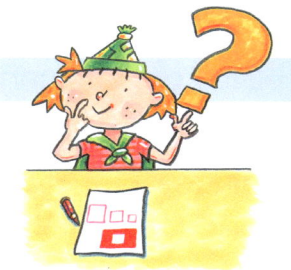

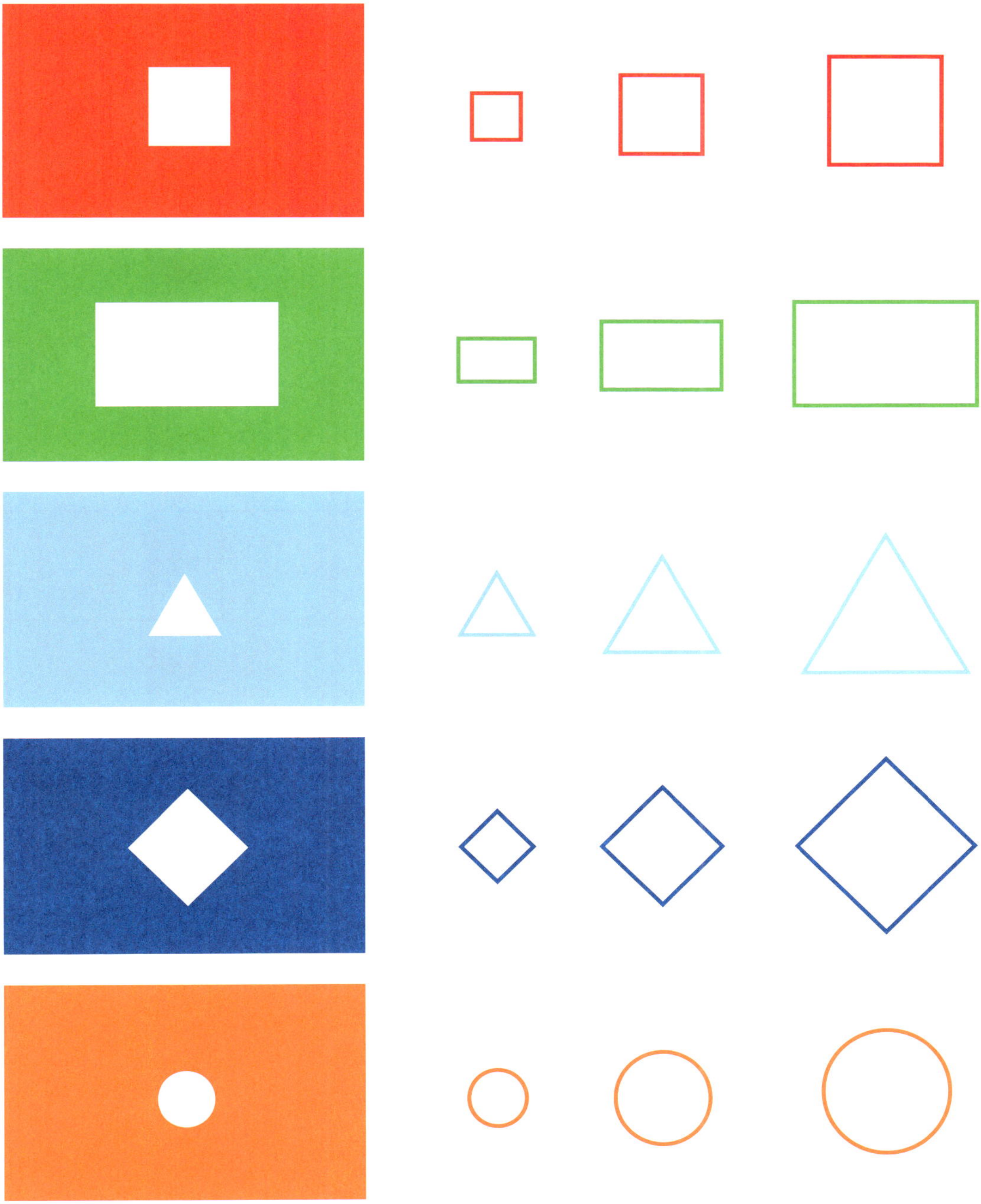

Wo hat sich die 5 versteckt? Fahre nach.

5

5

  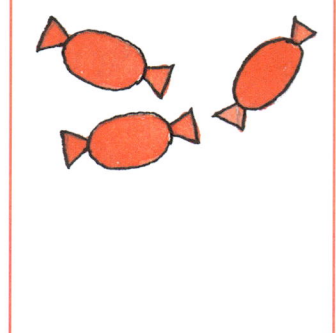

Immer 5. Male fertig.

  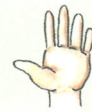

Wo hat sich die 6 versteckt? Fahre nach.

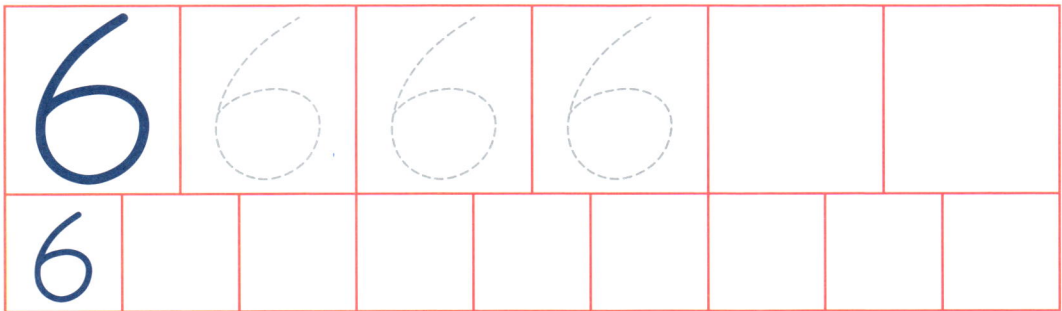

Immer 6. Male fertig.

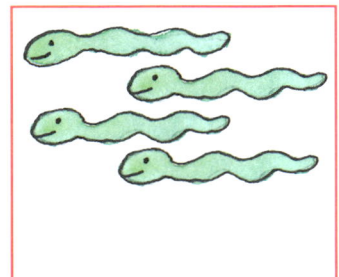
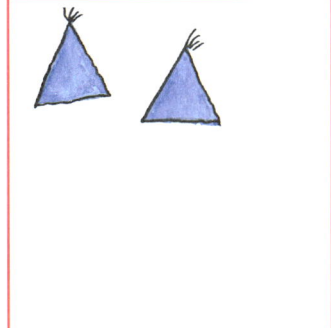

6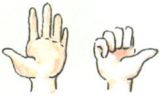

Findest du die Ausschnitte im großen Bild?
Kreise sie dort ein.

Male alle Katzen, die nach links laufen, rot an.

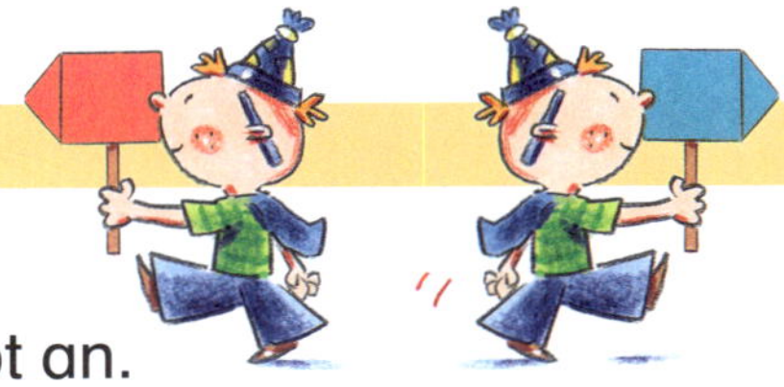

Male alle Katzen, die nach rechts laufen, blau an.

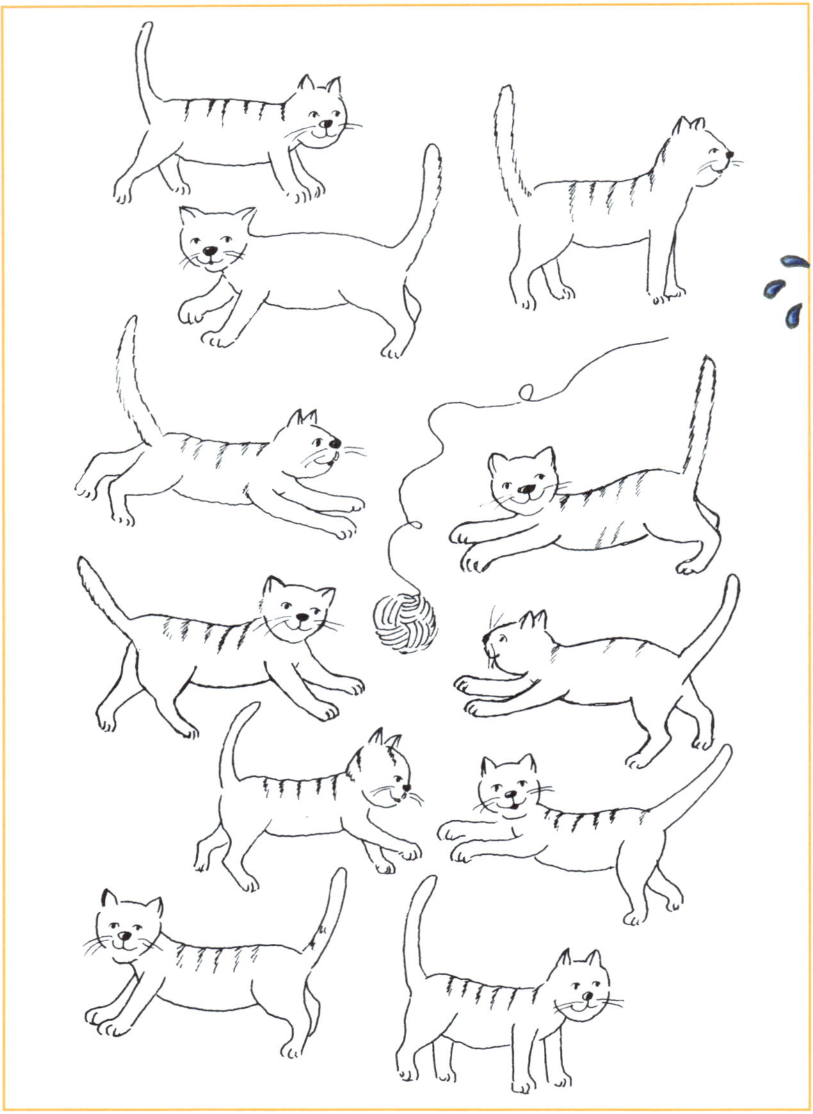

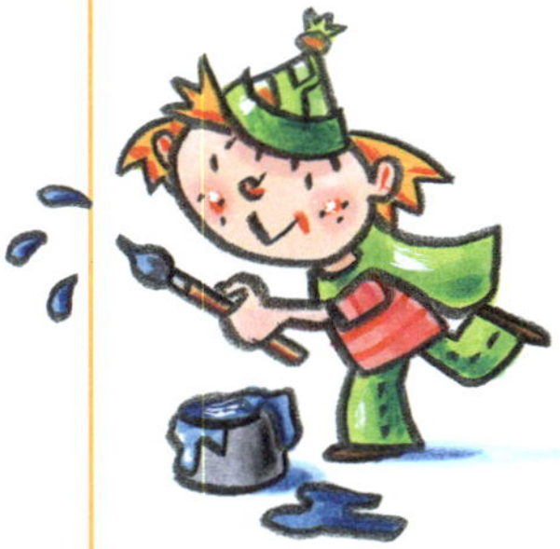

Wie viele rote Katzen sind es? ☐ Katzen

Wie viele blaue Katzen sind es? ☐ Katzen

Verbinde die Schuhe mit dem richtigen Fuß.

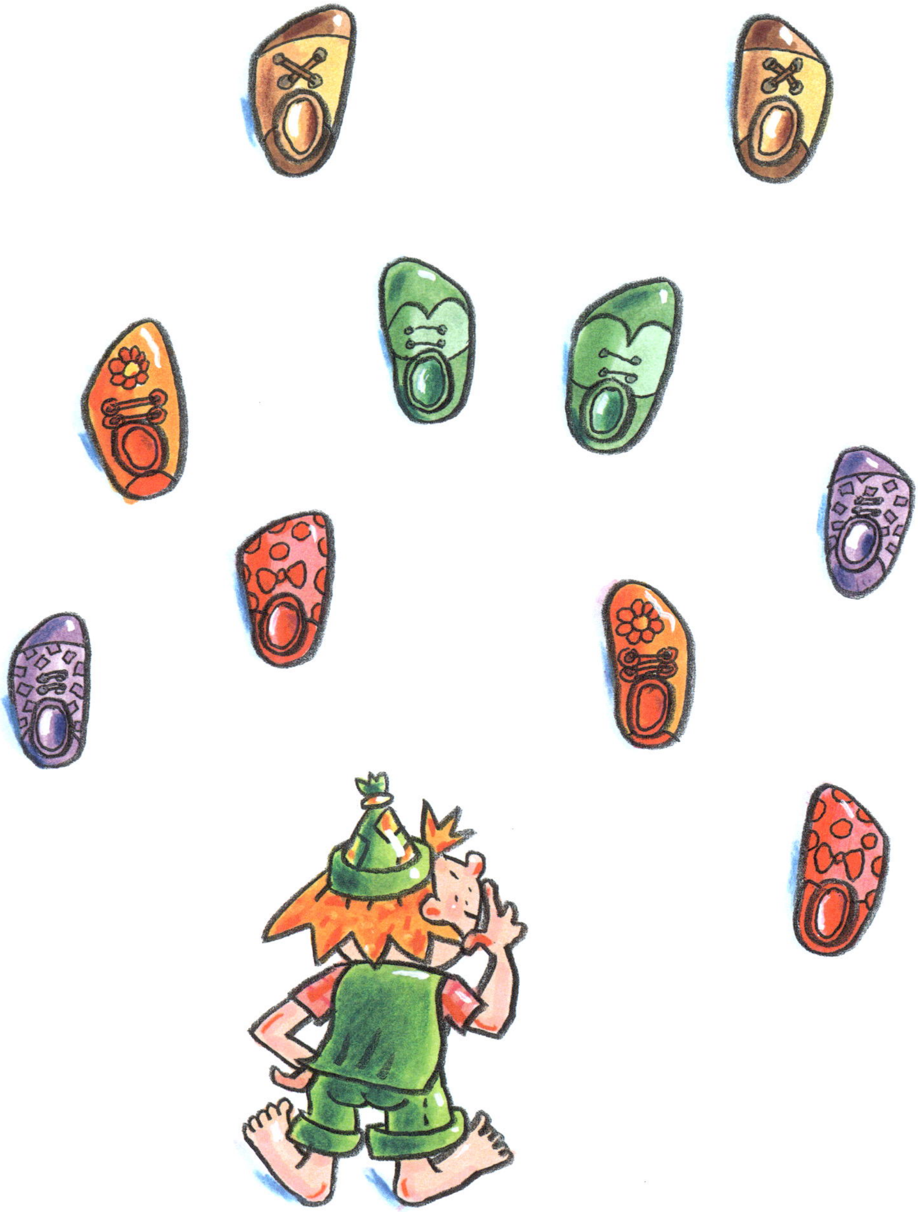

1 Male Pfeile nach oben rot ↑, Pfeile nach unten blau ↓ an.

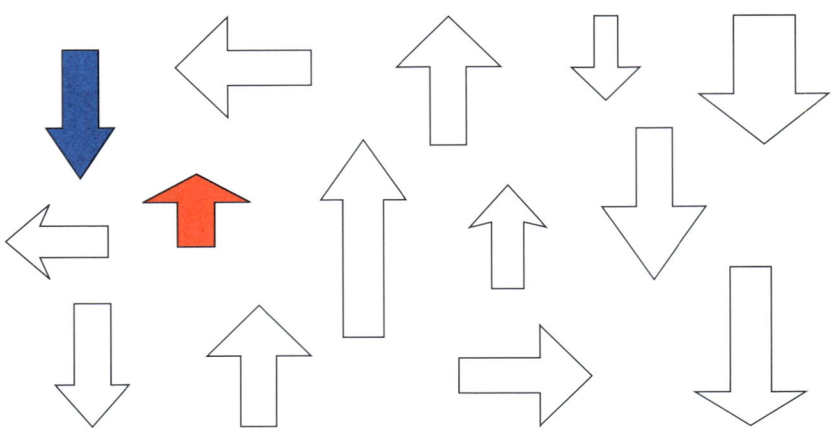

2 Kreuze an:

Der Ballon fliegt nach

☐ oben.
☐ unten.

Martin ging nach

☐ oben.
☐ unten.

Die Kokusnuss fiel nach

☐ oben.
☐ unten.

Male …

… genau in die Mitte ein . … oben links einen .

… oben rechts die  . … in der Mitte links eine  .

… oben in die Mitte den . … in der Mitte rechts ein  .

… unten in die Mitte einen  .

… unten links eine  .

… unten rechts einen .

Wo hat sich die 7 versteckt? Fahre nach.

Immer 7. Male fertig.

  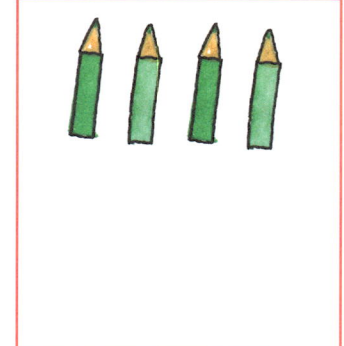

 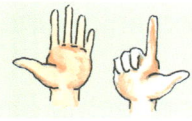

Lösungen Kleine Mathe-Stars

(zum Heraustrennen die mittlere Klammer lösen)

Findest du die Ausschnitte im großen Bild?
Kreise sie dort ein.

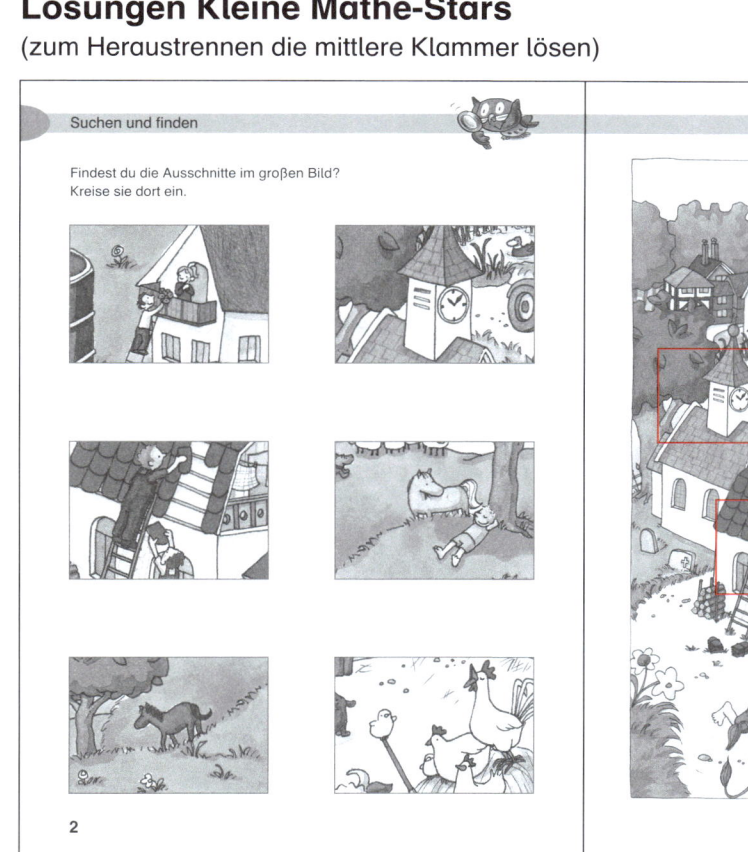

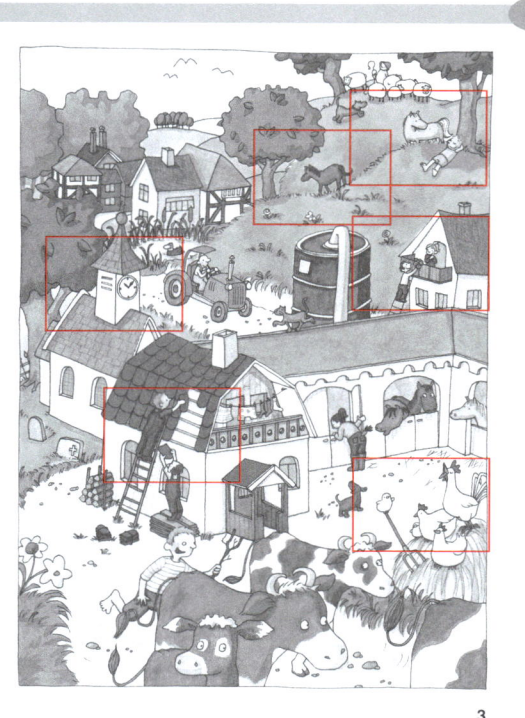

2

3

Suche den Zwilling.
Rahme das passende Bild ein.

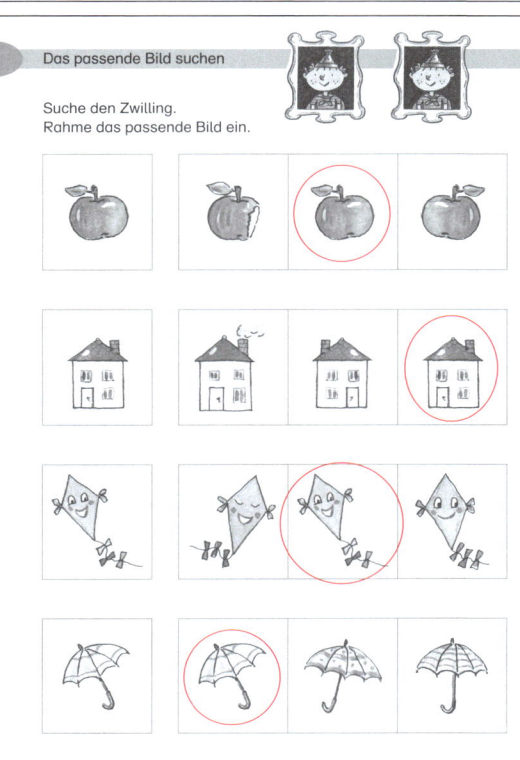

Suche den Zwilling.
Rahme das passende Bild ein.

4

5

Wem gehört welcher Drachen?
Fahre die Linien mit verschiedenen Farben nach.

Wer spielt mit welchem Tier?
Fahre mit verschiedenen Farben nach.

Wo hat sich die 1 versteckt? Fahre nach.

Male: 1   1   1

Wo hat sich die 2 versteckt? Fahre nach.

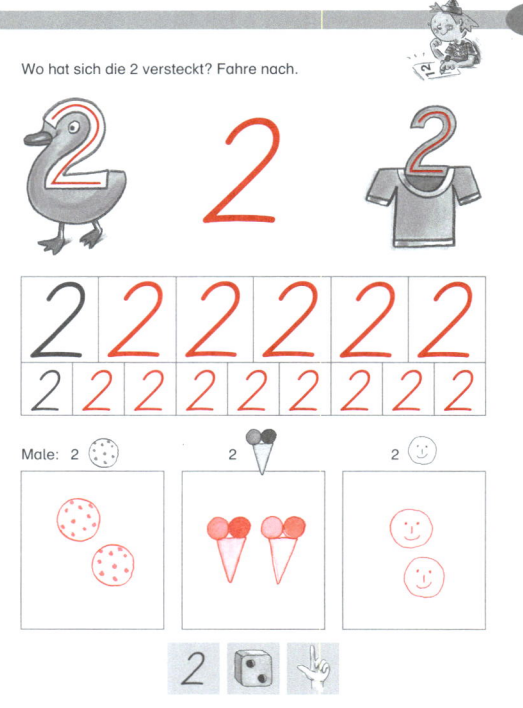

Male: 2   2   2

Male die Ketten im gleichen Muster weiter.

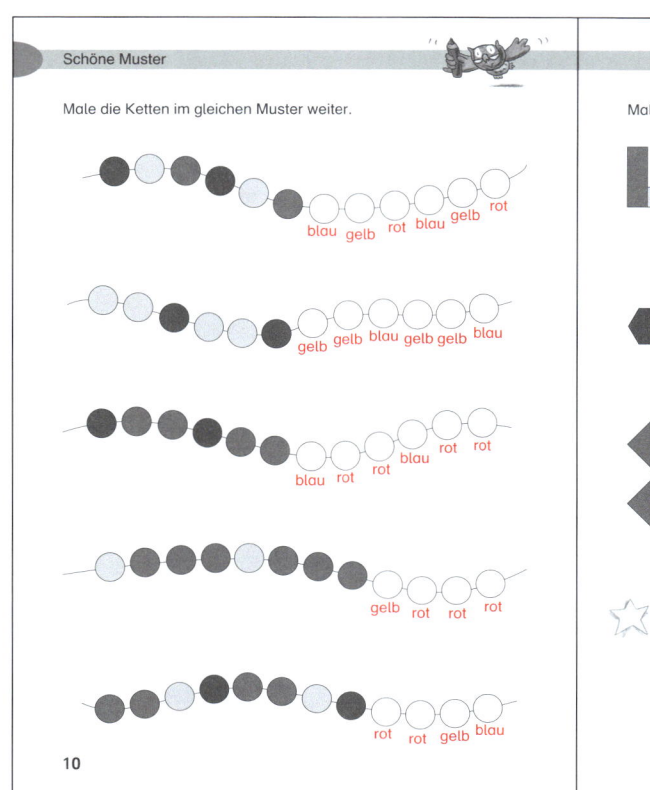

Male im gleichen Muster weiter.

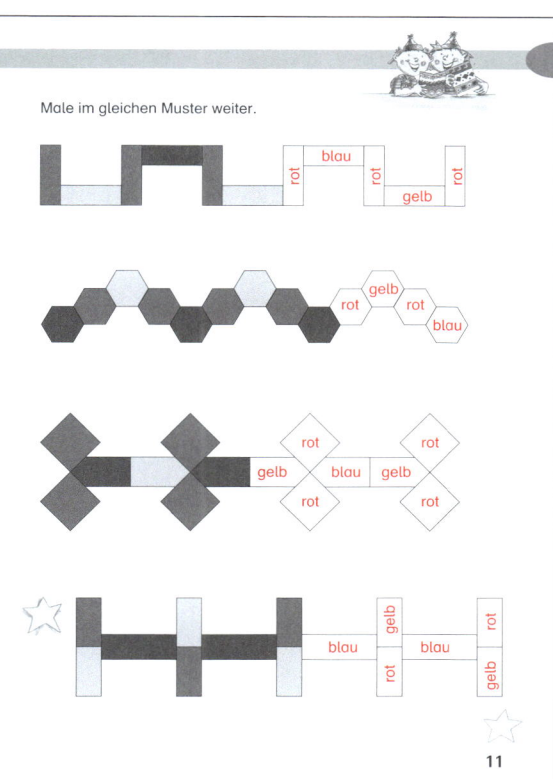

10

11

Was hat Bim geangelt? Kreise ein.

Mit welchem Wollknäuel spielt Minka?
Kreise es ein.

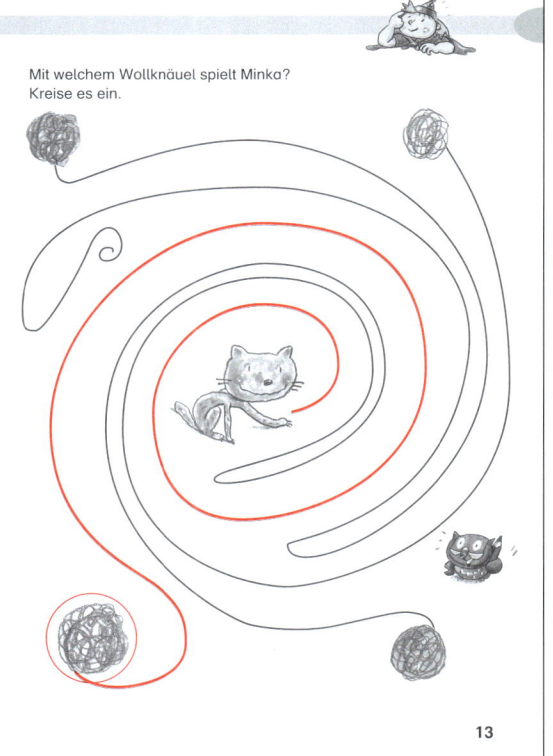

12

13

Verbinde. Kreuze den richtigen Satz an.

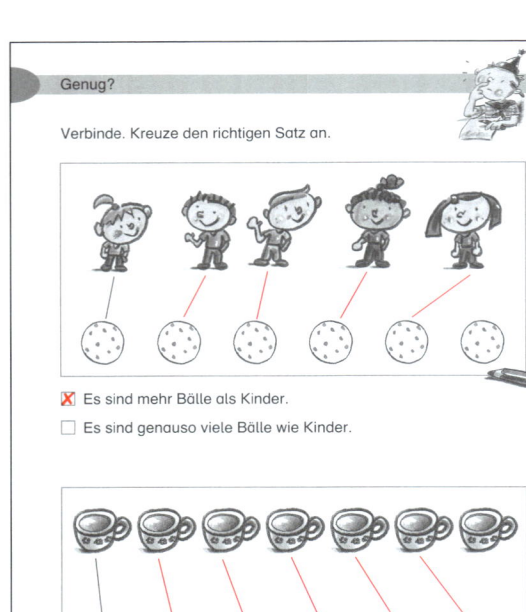

☒ Es sind mehr Bälle als Kinder.

☐ Es sind genauso viele Bälle wie Kinder.

☐ Es sind weniger Tassen als Teller.

☒ Es sind mehr Tassen als Teller.

Wie viele Dinge siehst du?
Male gleich viele daneben.

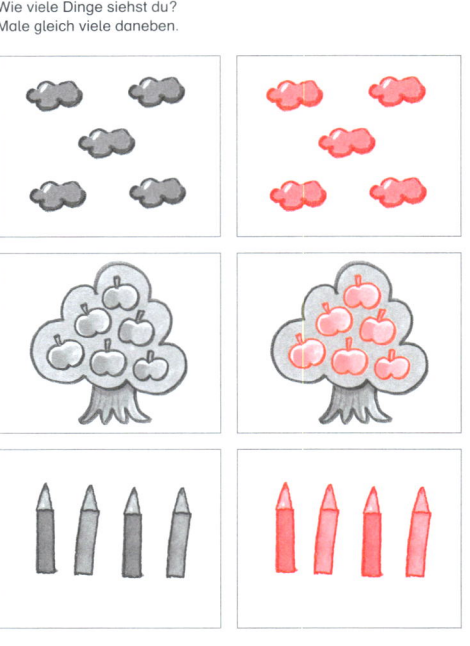

Wo hat sich die 3 versteckt? Fahre nach.

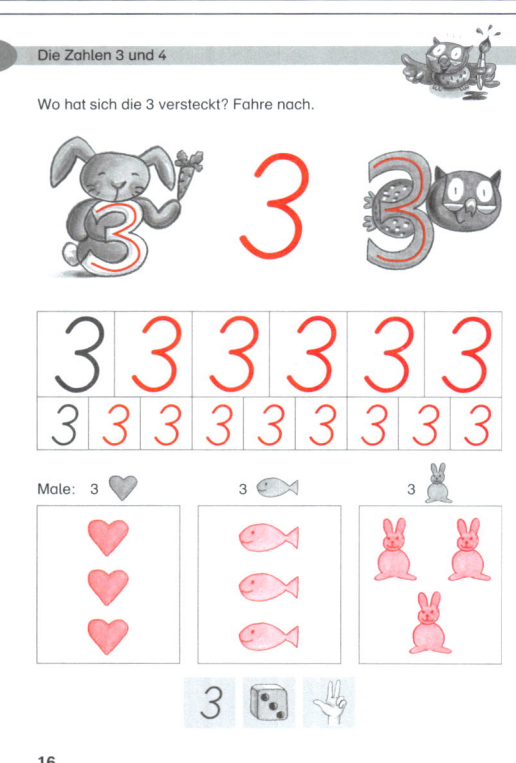

Male: 3 ♥   3 🐟   3 🐰

Wo hat sich die 4 versteckt? Fahre nach.

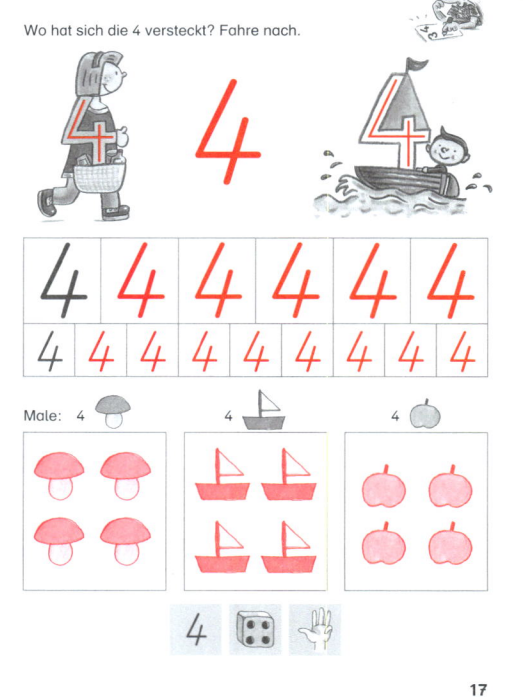

Male: 4 🍄   4 ⛵   4 🍎

Suche die 6 Fehler im unteren Bild.
Kreuze sie an.

Da fehlt doch ...!

18

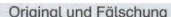

Welches ist der richtige Schatten?
Kreise ihn ein.

19

Findest du den Apfel?
Male ihn an.

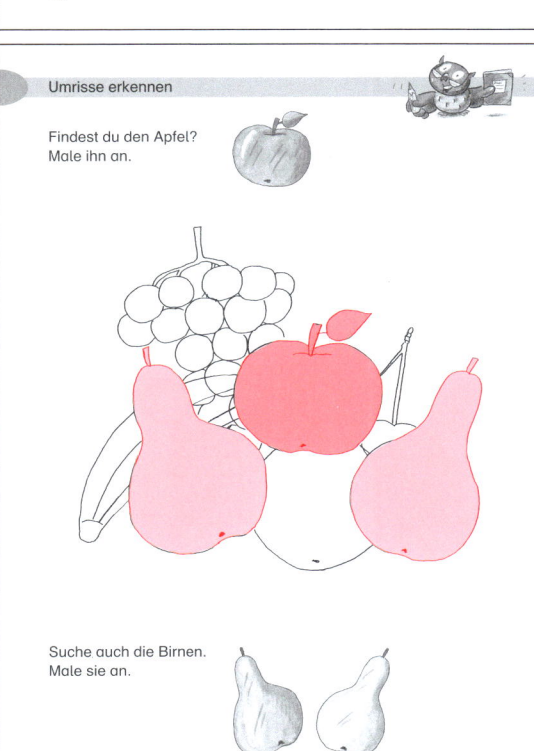

Suche auch die Birnen.
Male sie an.

20

Findest du die Schnecke?
Male sie an.

Suche den Fisch.
Male ihn an.

Wie viele Tiere erkennst du auf dem Bild?   5

21

Welche Formen passen?

Male die passende Form aus.

Welche Größe passt?

Male die passende Form aus.

22

23

Die Zahlen 5 und 6

Wo hat sich die 5 versteckt? Fahre nach.

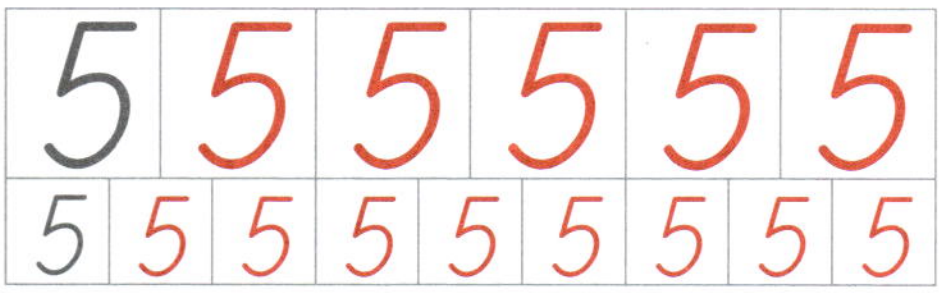

5 5 5 5 5 5
5 5 5 5 5 5 5 5 5 5

Immer 5. Male fertig.

Wo hat sich die 6 versteckt? Fahre nach.

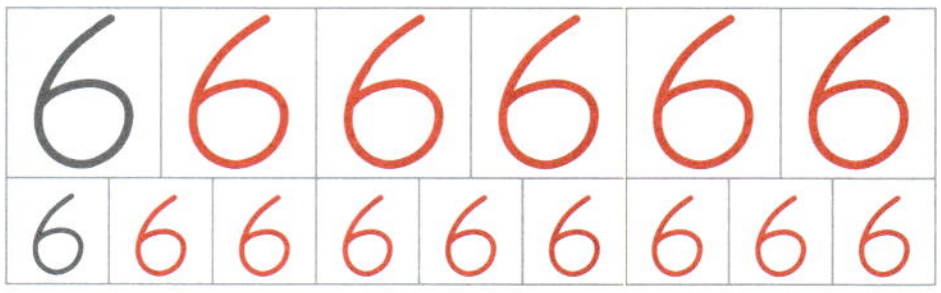

6 6 6 6 6 6
6 6 6 6 6 6 6 6 6 6

Immer 6. Male fertig.

24

25

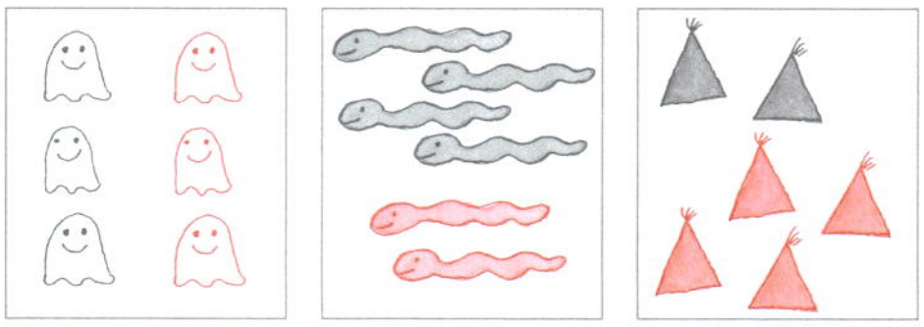

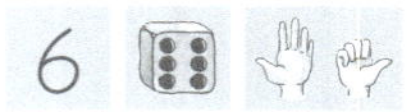

Findest du die Ausschnitte im großen Bild?
Kreise sie dort ein.

Male alle Katzen, die nach links laufen, rot an.

Male alle Katzen, die nach rechts laufen, blau an.

Wie viele rote Katzen sind es?   5   Katzen

Wie viele blaue Katzen sind es?   6   Katzen

Verbinde die Schuhe mit dem richtigen Fuß.

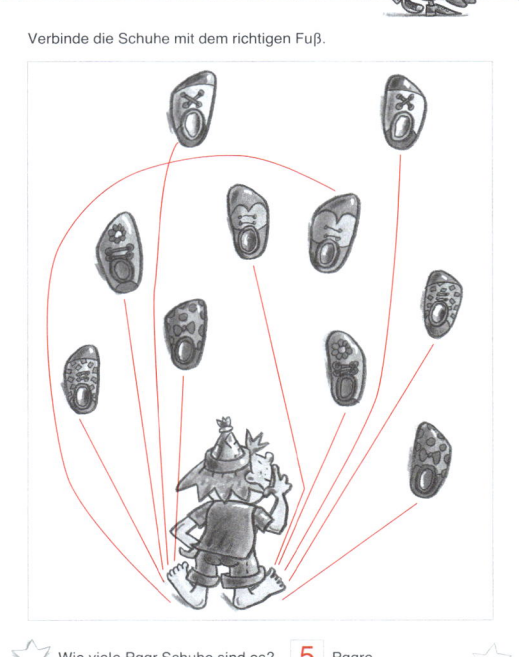

 Wie viele Paar Schuhe sind es?   5   Paare

① Male Pfeile nach oben rot ↑, Pfeile nach unten blau ↓ an.

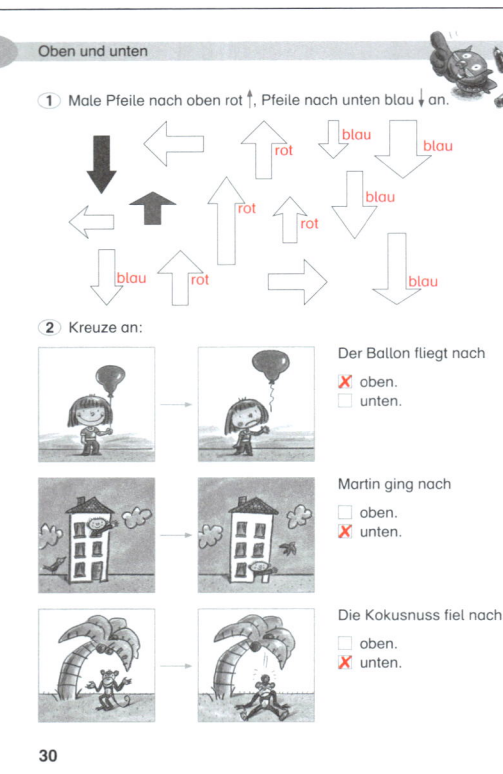

② Kreuze an:

Der Ballon fliegt nach
☒ oben.
☐ unten.

Martin ging nach
☐ oben.
☒ unten.

Die Kokosnuss fiel nach
☐ oben.
☒ unten.

30

Male …

… genau in die Mitte ein ♥ .

… oben rechts die .

… oben in die Mitte den .

… oben links einen .

… in der Mitte links eine ☁ .

… in der Mitte rechts ein 🚗 .

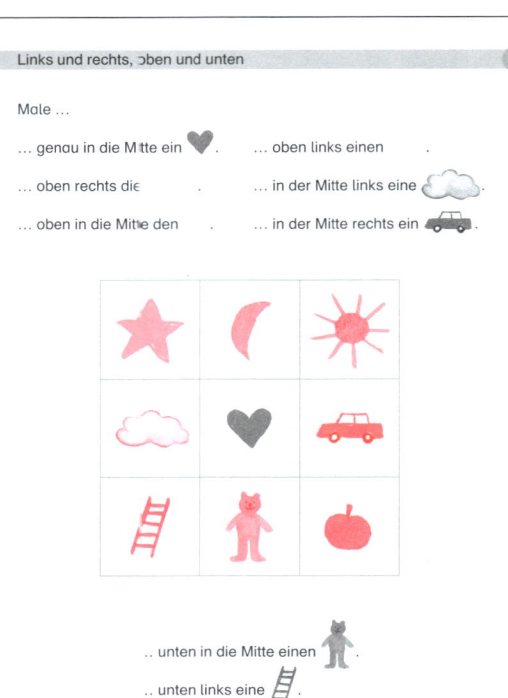

.. unten in die Mitte einen 🐱 .

.. unten links eine .

.. unten rechts einen 🍎 .

31

Wo hat sich die 7 versteckt? Fahre nach.

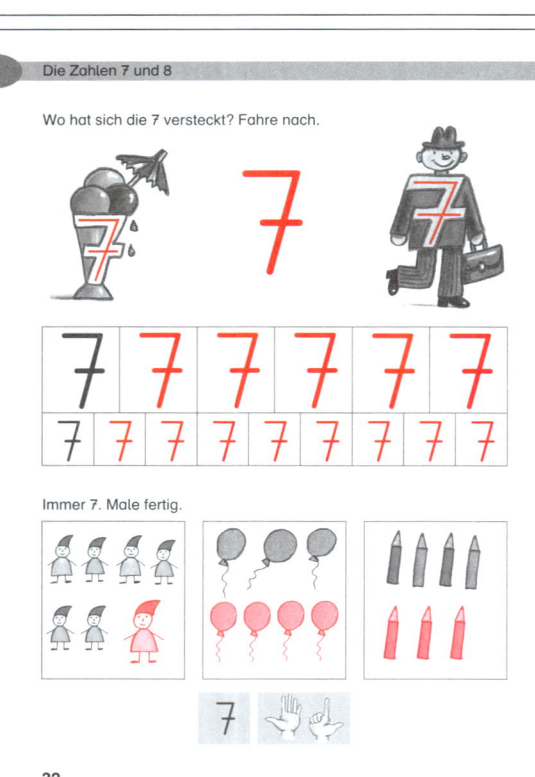

Immer 7. Male fertig.

7 ✋✌

32

Wo hat sich die 8 versteckt? Fahre nach.

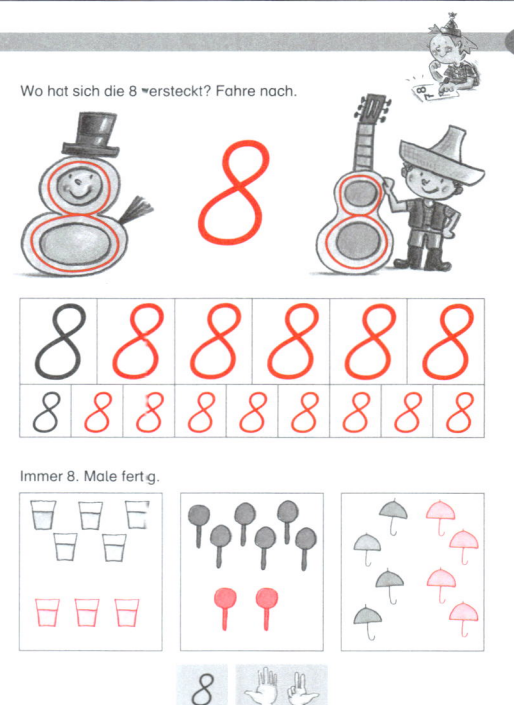

Immer 8. Male fertig.

8 ✋✌

33

Steffi sucht ihren Bruder. Findest du ihn? Kreise ihn ein.

Suche auch diese Kinder.
Kreise sie ein.

Das sind Bim und Simsala.

Suche ihre Zauberhüte in der Kiste. Kreise sie ein.

 Zähle alle Zauberhüte in der Kiste. Es sind **10** .

34

35

Wie kommt Tim in den Kindergarten?
Zeichne den Weg ein.

Wohin fährt das Auto? Zeichne den Weg ein.

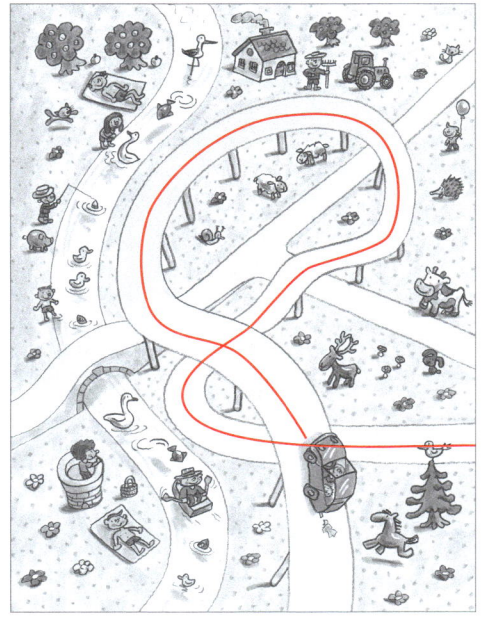

36

37

In jeder Kiste sollen genau 5 Stück sein.
Male fehlende Früchte dazu.

Lauter gesunde Sachen.

38

Rahme ein.

39

Welcher Drache war in welchem Ei? Verbinde.

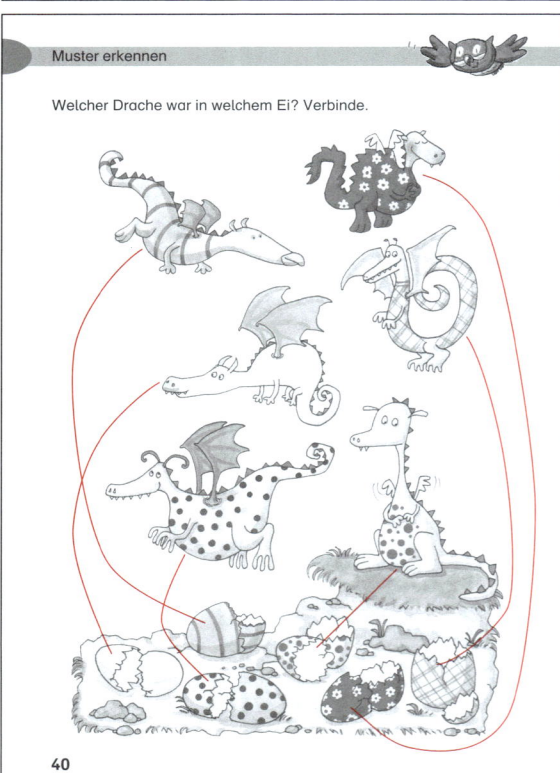

40

Ein Elefant war im Porzellanladen.

Was hat er alles zerbrochen? Kreuze an.

41

Welche Paare gehören zusammen?
Verbinde.

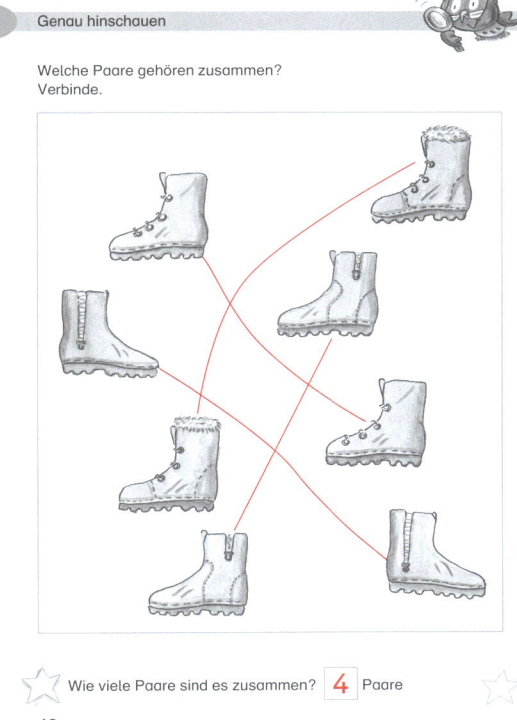

Wie viele Paare sind es zusammen? **4** Paare

42

Zeichne das Muster weiter.

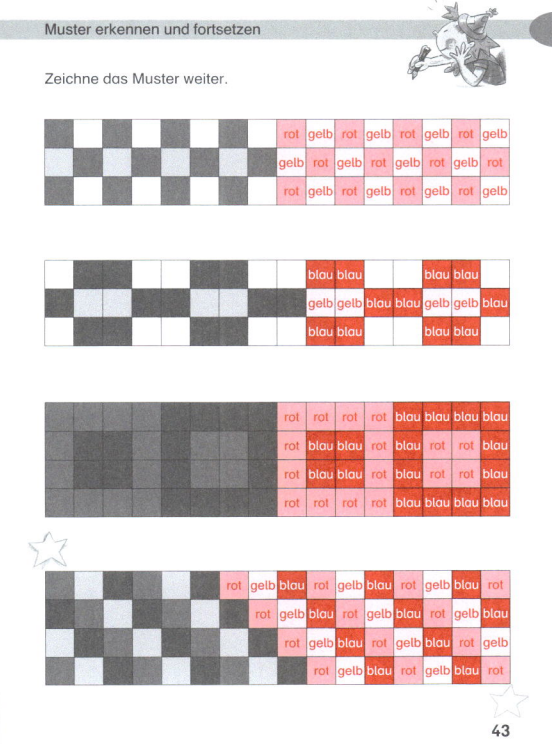

43

Die Zahlen 9 und 10

Wo hat sich die 9 versteckt? Fahre nach.

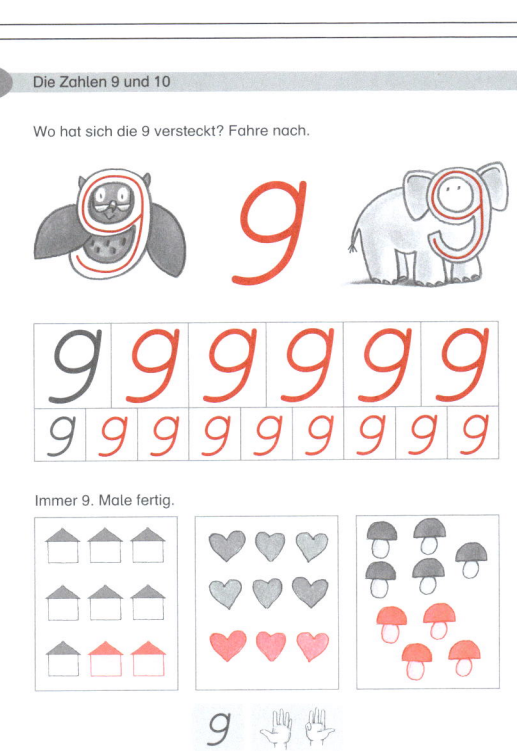

Immer 9. Male fertig.

9

44

Wo hat sich die 10 versteckt? Fahre nach.

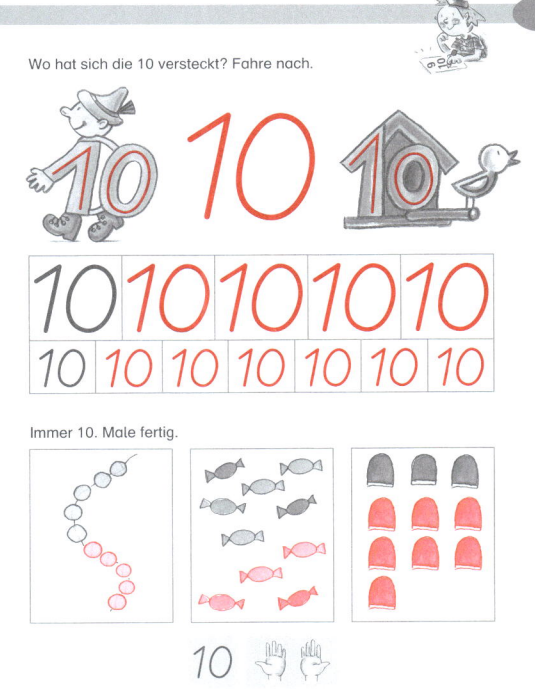

Immer 10. Male fertig.

10

45

Wie viele sind es? Zähle und verbinde.

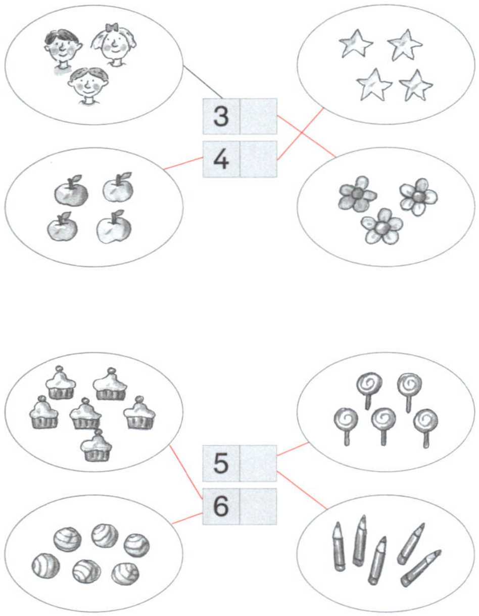

3
4

Wie viele sind es? Zähle und verbinde.

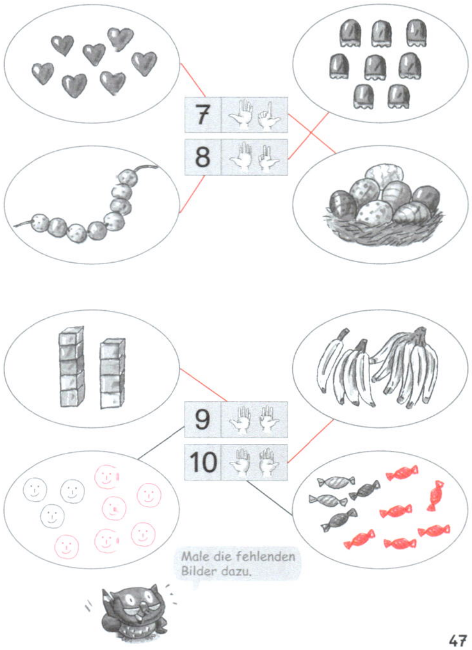

7
8

5
6

9
10

Male die fehlenden
Bilder dazu.

46

47

Übertrage das Muster und fahre die richtige Zahl nach.

0 1 2 3 4
5 6 7 8 9

9
0 1 2 3 4
5 6 7 8 9

4
0 1 2 3 4
5 6 7 8 9

2
0 1 2 3 4
5 6 7 8 9

Übertrage das Muster und fahre die richtige Zahl nach.

3
0 1 2 3 4
5 6 7 8 9

8
0 1 2 3 4
5 6 7 8 9

6
0 1 2 3 4
5 6 7 8 9

5
0 1 2 3 4
5 6 7 8 9

48

49

Mache einen Strich für jedes Spielzeug oder schreibe die Zahl.

₪	ɪɪɪɪ
	5

🚂	ɪɪɪɪ
	6

●	ɪɪɪɪɪ ɪɪɪɪɪ
	10

🛴	ɪ
	1

🦒	ɪɪɪ
	3

50

🧍	ɪɪɪɪ ɪɪ
	7

🐴	ɪɪɪɪ ɪɪɪ
	8

🚗	ɪɪɪɪ
	4

🚌	ɪɪɪɪ ɪɪɪɪ
	9

🏎	ɪɪ
	2

51

Welche Bilder haben sich versteckt? Male sie aus.

52

Welche Ziffer hat sich versteckt? Male sie aus.

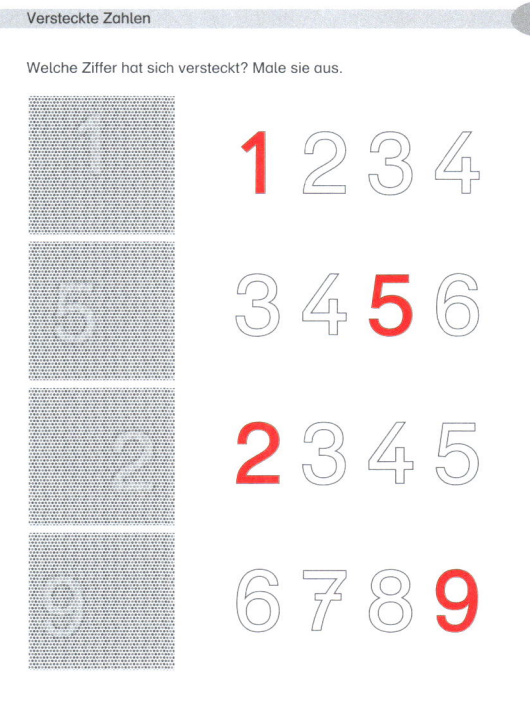

53

Hat jedes Kind einen Luftballon? Verbinde.

Zähle die Kinder. Es sind 7 .

Zähle die Luftballons. Es sind 8 .

Wie viele Luftballons sind rot? 4

1 2 3 4 5 6 7 8 9 10

54

Bekommt jedes Kind ein Eis? Verbinde.

Zähle die Kinder. Es sind 5 .

Zähle die Eistüten. Es sind 5 .

Wie viele Mädchen sind es? 3

Wie viele Jungen sind es? 2

☆ Zähle alle Eiskugeln. Es sind 15 .

11 12 13 14 15 16 17 18 19 20

55

Male an:
Dreiecke ▲   Rechtecke ▬   Kreise ●

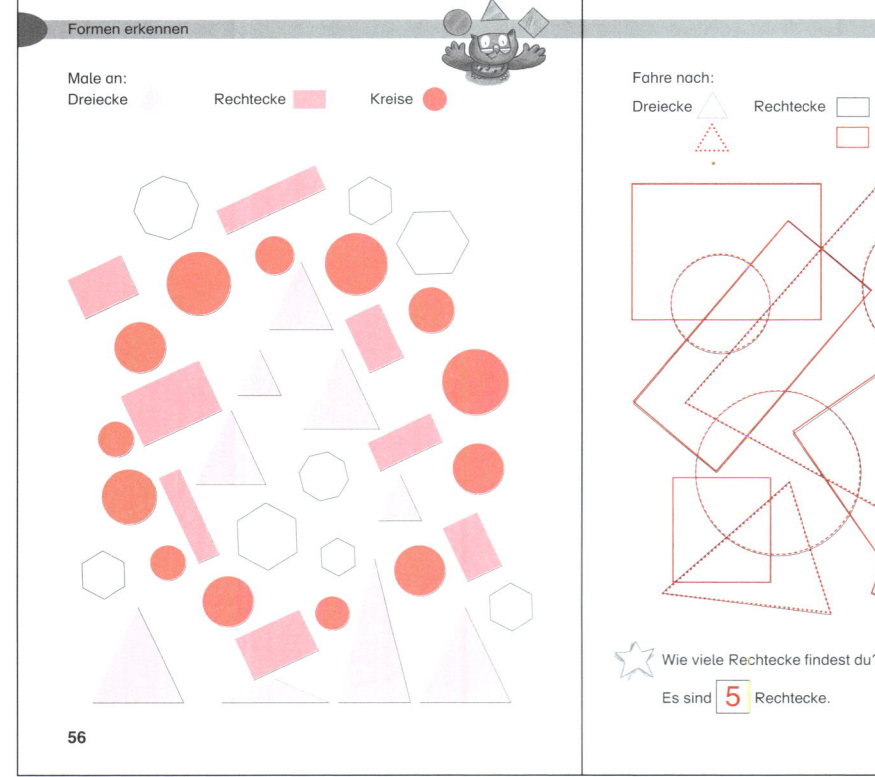

56

Fahre nach:
Dreiecke △   Rechtecke ▭   Kreise ◯

☆ Wie viele Rechtecke findest du?

Es sind 5 Rechtecke.

57

Suche die 7 Fehler im unteren Bild. Kreuze sie an.

Im unteren Bild fehlen 6 Teile. Zeichne sie ein.

Welche Fische sind gleich?
Verbinde.

Male das 2. Auto an.

Male das 6. Schaf an.

Male den 5. Läufer an.

Male das 3. Mädchen an.

Reihenfolgen erkennen

Bringe die Bilder in die richtige Reihenfolge.

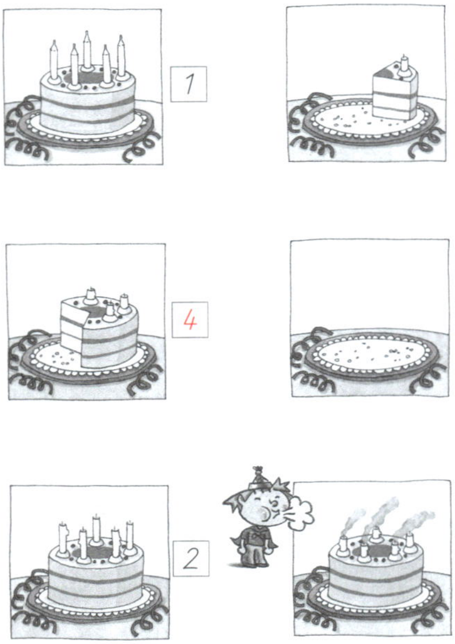
1
5
4
6
2
3

Bringe die Bilder in die richtige Reihenfolge.

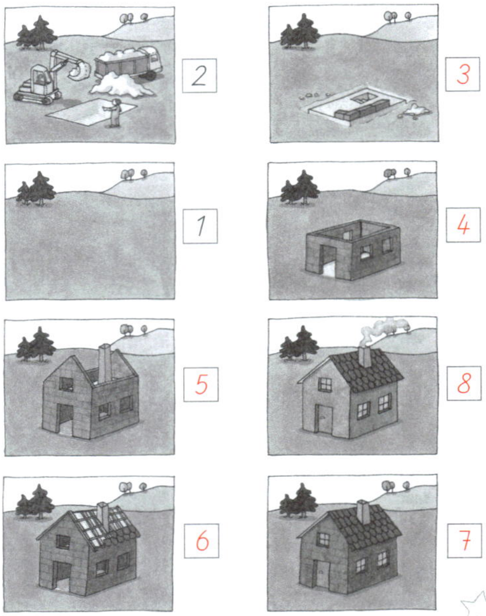
2
3
1
4
5
8
6
7

Malen nach Zahlen

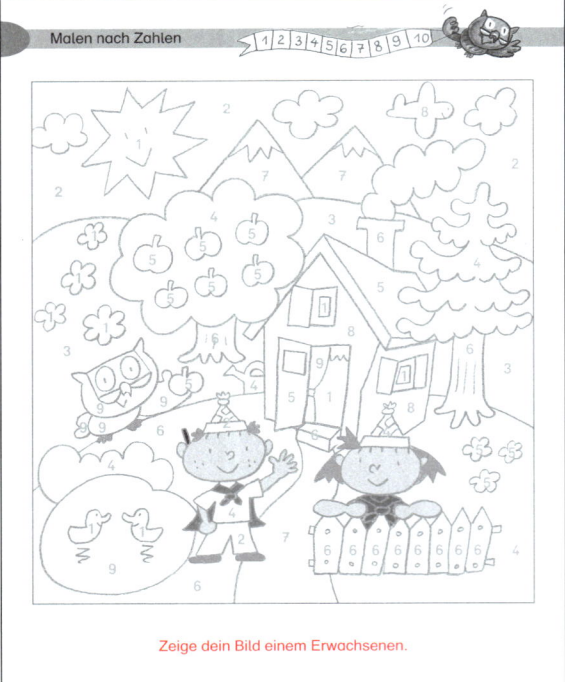

Zeige dein Bild einem Erwachsenen.

Das Geheimnis des Sternenhimmels
Auflösung Sternenbild: Bärenhüter

Wo hat sich die 8 versteckt? Fahre nach.

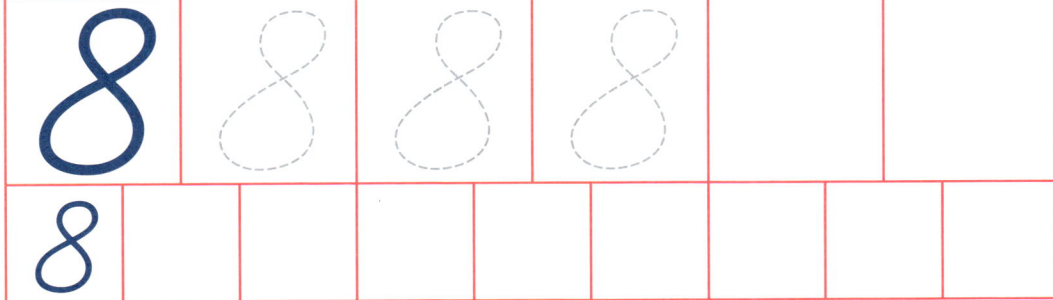

Immer 8. Male fertig.

 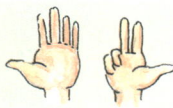

Steffi sucht ihren Bruder. Findest du ihn? Kreise ihn ein.

Suche auch diese Kinder.
Kreise sie ein.

Das sind Bim und Simsala.

Suche ihre Zauberhüte in der Kiste. Kreise sie ein.

 Zähle alle Zauberhüte in der Kiste. Es sind ☐ .

Wie kommt Tim in den Kindergarten?
Zeichne den Weg ein.

Wohin fährt das Auto? Zeichne den Weg ein.

In jeder Kiste sollen genau 5 Stück sein.
Male fehlende Früchte dazu.

Lauter gesunde
Sachen.

Wo sind es genau 7 Stück?
Rahme ein.

Welcher Drache war in welchem Ei? Verbinde.

Ein Elefant war im Porzellanladen.

Was hat er alles zerbrochen? Kreuze an.

Welche Paare gehören zusammen?
Verbinde.

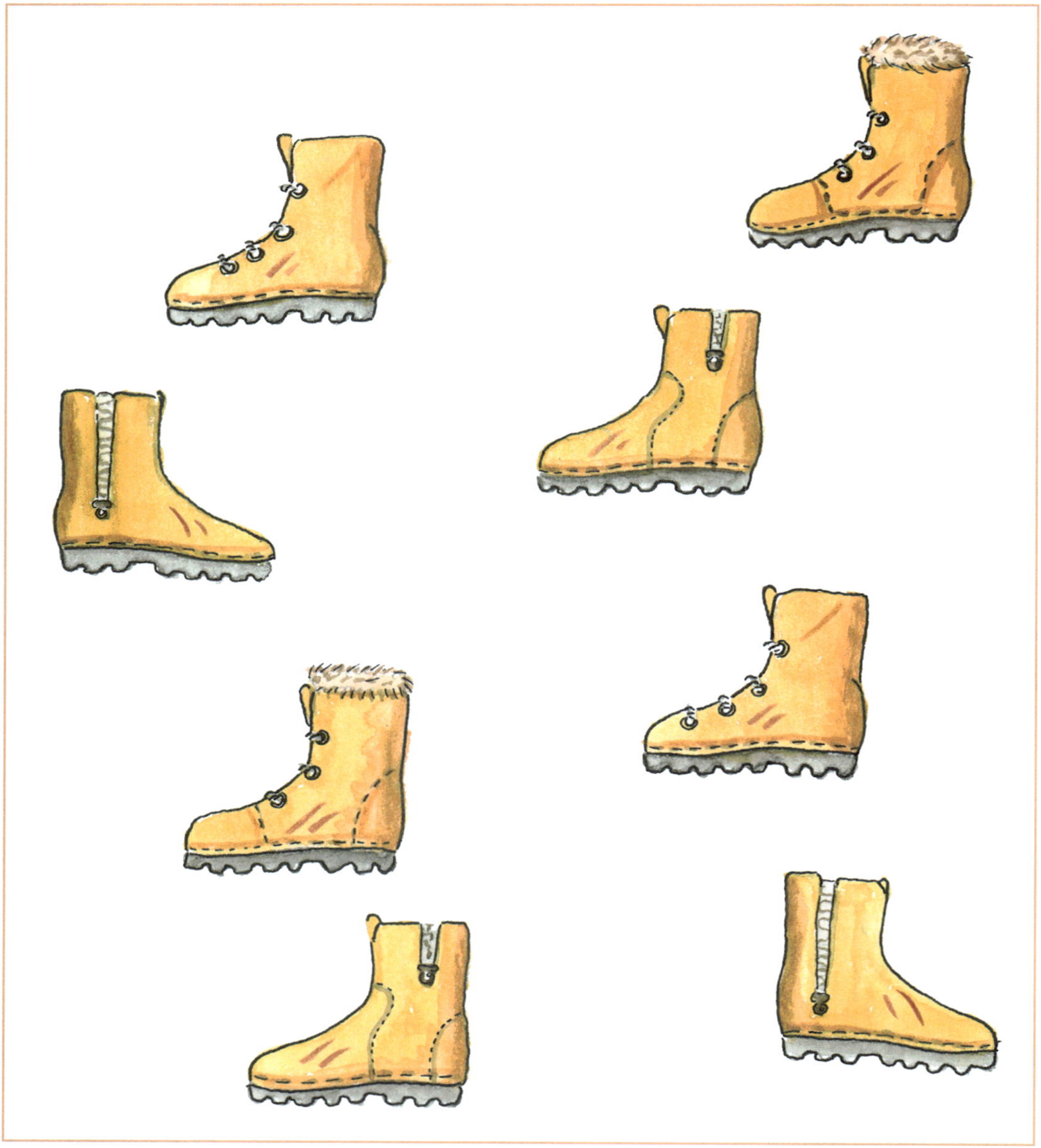

 Wie viele Paare sind es zusammen? ☐ Paare

Zeichne das Muster weiter.

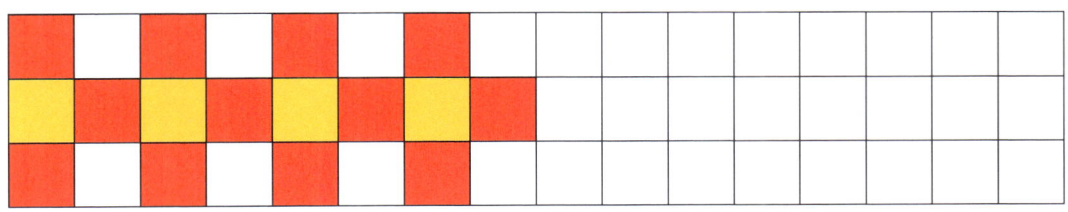

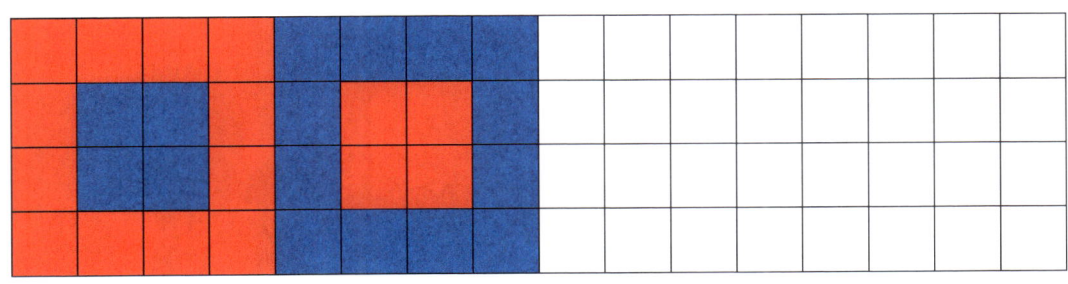

Wo hat sich die 9 versteckt? Fahre nach.

Immer 9. Male fertig.

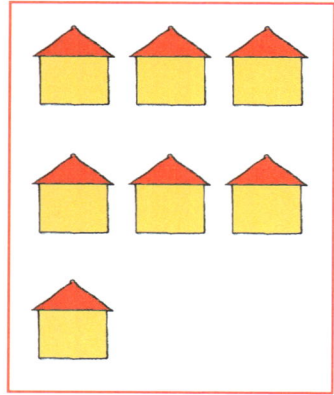  

Wo hat sich die 10 versteckt? Fahre nach.

10    10   10   10

10   10   10   10

10

Immer 10. Male fertig.

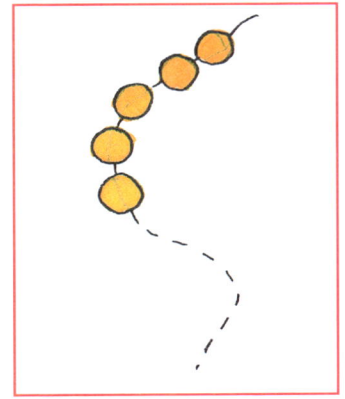

10

45

Wie viele sind es? Zähle und verbinde.

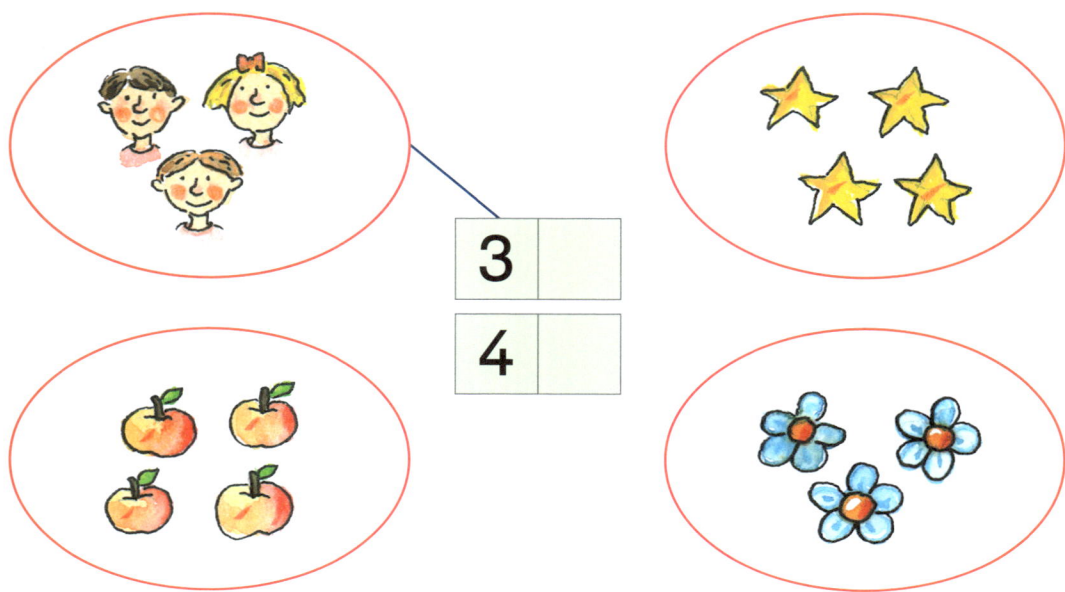

Wie viele sind es? Zähle und verbinde.

Male die fehlenden
Bilder dazu.

Übertrage das Muster und fahre die richtige Zahl nach.

0 1 2 3 4
5 6 7 8 9

0 1 2 3 4
5 6 7 8 9

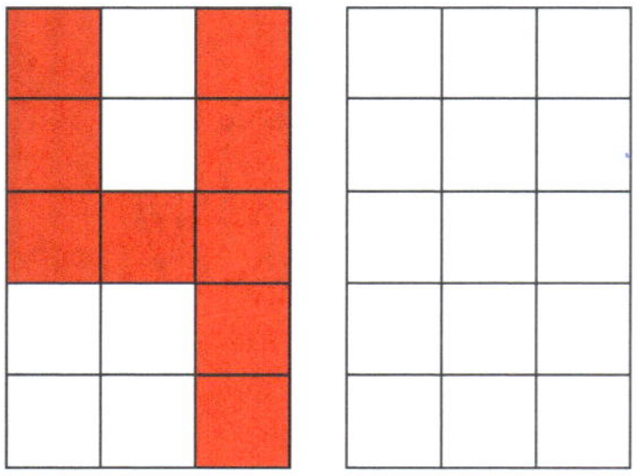

0 1 2 3 4
5 6 7 8 9

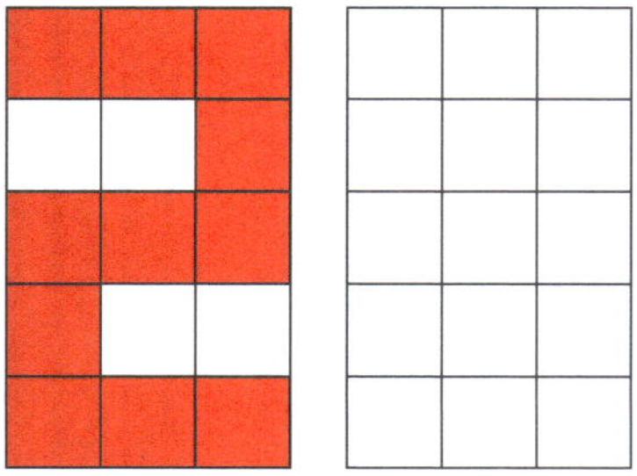

0 1 2 3 4
5 6 7 8 9

Übertrage das Muster und fahre die richtige Zahl nach.

0 1 2 3 4
5 6 7 8 9

0 1 2 3 4
5 6 7 8 9

0 1 2 3 4
5 6 7 8 9

0 1 2 3 4
5 6 7 8 9

Mache einen Strich für jedes Spielzeug oder schreibe die Zahl.

Versteckte Bilder

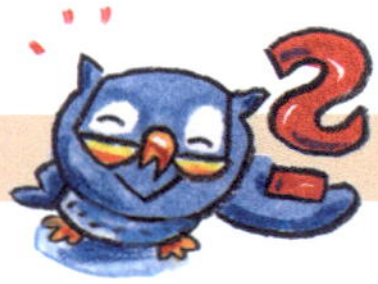

Welche Bilder haben sich versteckt? Male sie aus.

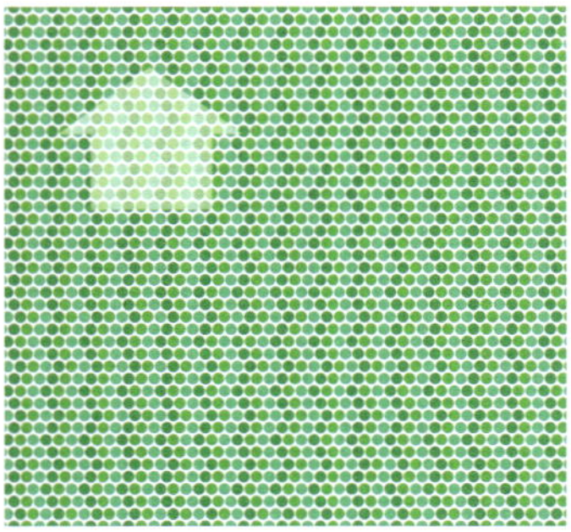

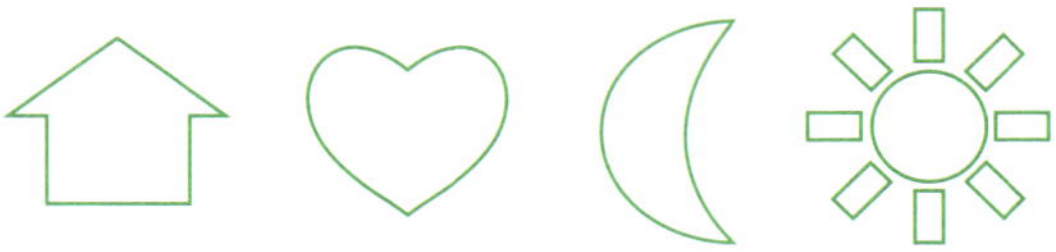

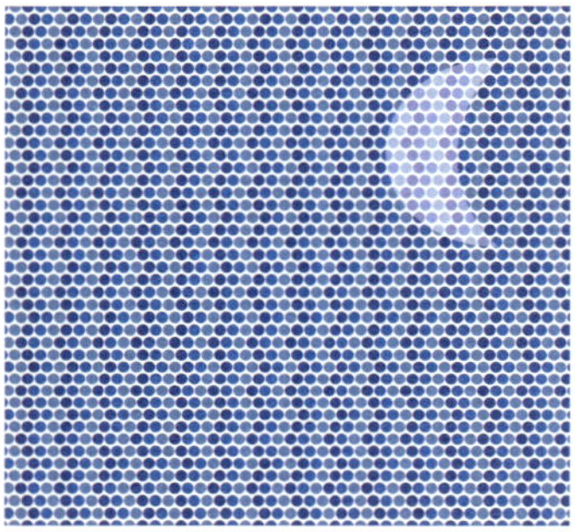

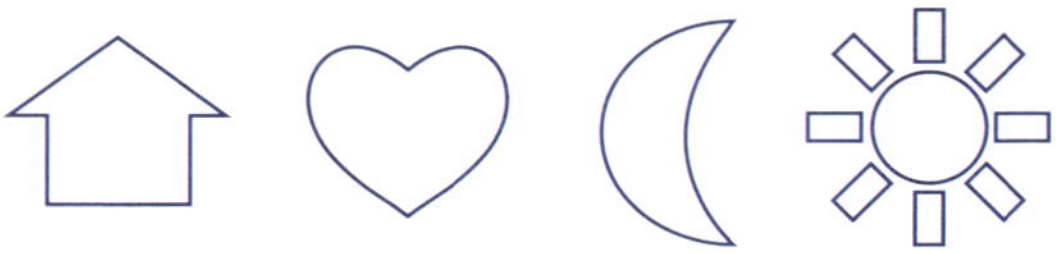

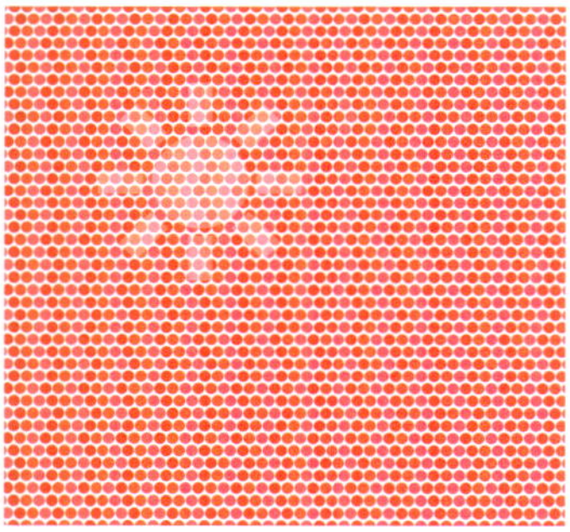

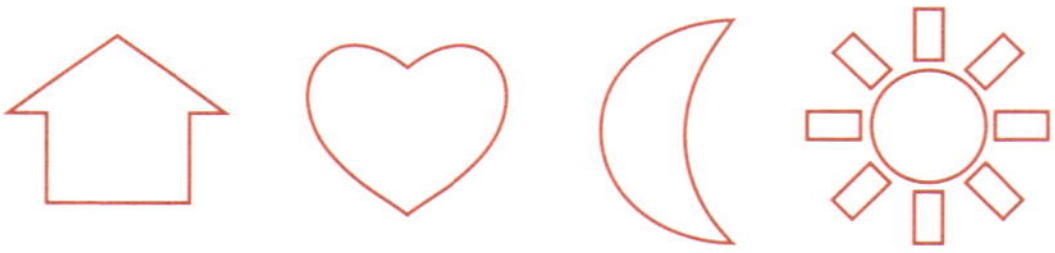

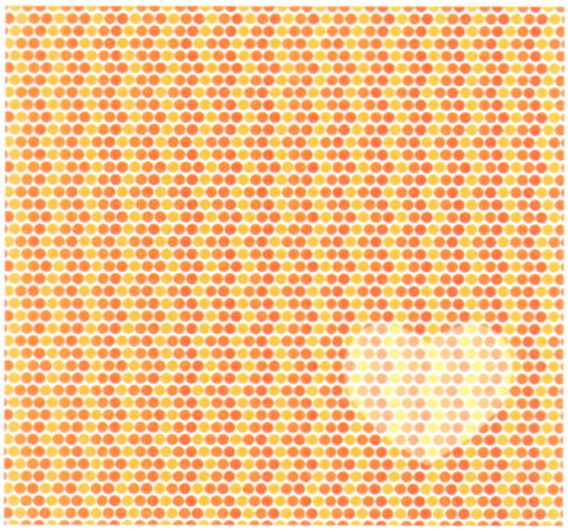

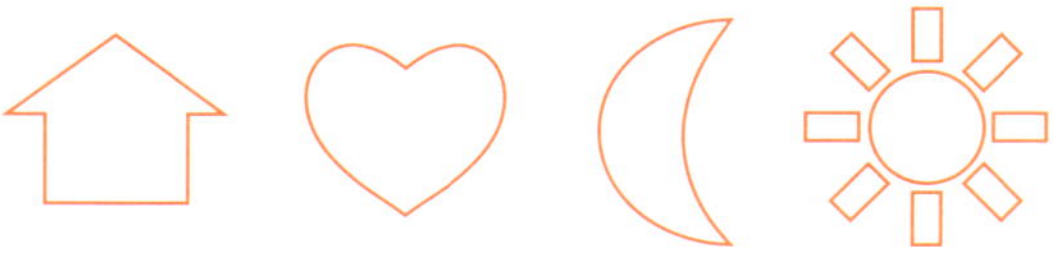

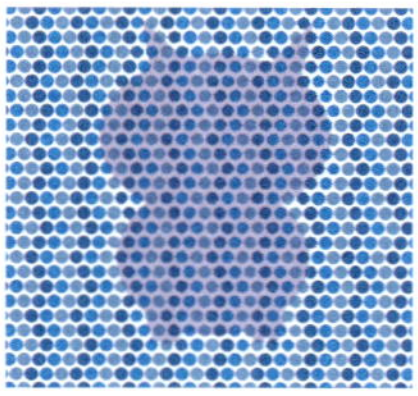

Welche Ziffer hat sich versteckt? Male sie aus.

Hat jedes Kind einen Luftballon? Verbinde.

Zähle die Kinder. Es sind ☐ .

Zähle die Luftballons. Es sind ☐ .

Wie viele Luftballons sind rot? ☐

1 2 3 4 5 6 7 8 9 10

Bekommt jedes Kind ein Eis? Verbinde.

Zähle die Kinder. Es sind .

Zähle die Eistüten. Es sind .

Wie viele Mädchen sind es?

Wie viele Jungen sind es?

 Zähle alle Eiskugeln. Es sind .

11 12 13 14 15 16 17 18 19 20

Formen erkennen

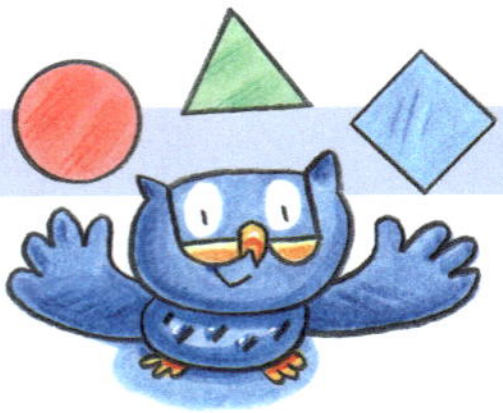

Male an:

Dreiecke   Rechtecke   Kreise

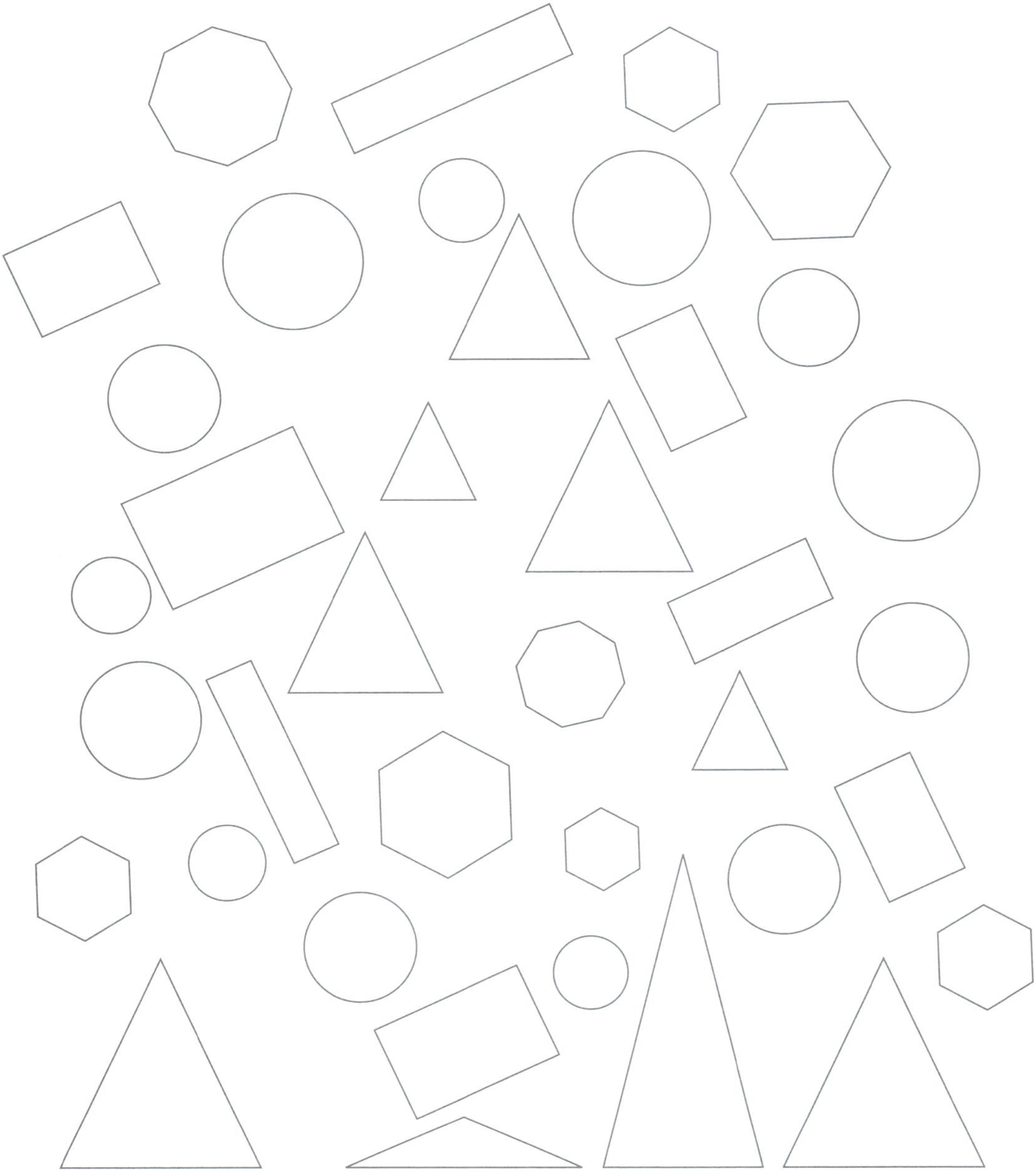

Fahre nach:

Dreiecke  Rechtecke Kreise

Wie viele Rechtecke findest du?

Es sind [ ] Rechtecke.

Suche die 7 Fehler im unteren Bild. Kreuze sie an.

Im unteren Bild fehlen 6 Teile. Zeichne sie ein.

Welche Fische sind gleich?
Verbinde.

Male das 2. Auto an.

Male das 6. Schaf an.

Male den 5. Läufer an.

Male das 3. Mädchen an.

Bringe die Bilder in die richtige Reihenfolge.

 1

 2

 Bringe die Bilder in die richtige Reihenfolge.

 2

 1

1 🟡	4 🟢	7 ⬜
2 🔵	5 🔴	8 🟠
3 🟩	6 🟤	9 🟣